Bilge İleri

Das Evangelium als Grundlage für kontextualisierte Gemeinde

D1732125

Theologisches Lehr- und Studienmaterial
(Martin Bucer Seminar)

Band 38

Bilge İleri

Das Evangelium als Grundlage für kontextualisierte Gemeinde

Eine Gegenüberstellung der Gemeindearbeit von John Piper und Timothy Keller

Verlag für Kultur und Wissenschaft
Culture and Science Publ.
Dr. Thomas Schirrmacher
Bonn 2019

Bibliografische Information der Deutschen Nationalbibliothek

Die Deutsche Nationalbibliothek verzeichnet diese Publikation in der Deutschen Nationalbibliografie; detaillierte bibliografische Daten sind im Internet über http://dnb.d-nb.de abrufbar.

Bibliographic information published by the Deutsche Nationalbibliothek

The Deutsche Nationalbibliothek lists this publication in the Deutsche Nationalbibliografie; detailed bibliographic data are available in the Internet at http://dnb.d-nb.de

ISSN 1436-0292

ISBN 978-3-86269-180-7

Printed in Germany

Fotos auf dem Cover:
John Piper: CC-BY-2.0 by Micah Chiang (Wikimedia Commons)
Timothy Keller: CC-BY-SA-2.0 by Frank Licorice (Wikimedia Commons)

Umschlaggestaltung:
HCB Verlagsservice Beese, Friedensallee 76, 22765 Hamburg
www.rvbeese.de / info@rvbeese.de

Gesamtherstellung:
CPI Books / Buch Bücher.de GmbH, 96158 Birkach
www.cpi-print.de / info.birkach@cpi-print.de

Verlagsauslieferung:
SCM-Verlagsgruppe
D-71087 Holzgerlingen, Tel. 07031/7414-177 Fax -119
https://händler.scm-verlagsgruppe.de
Gesamtverzeichnis für den Buchhandel:
www.vkwonline.com
Privatkunden: in jeder Buchhandlung oder unter www.vkwonline.com

SOLI DEO GLORIA

Θεὸς γάρ ἐστιν ὁ ἐνεργῶν ἐν ὑμῖν
καὶ τὸ θέλειν καὶ τὸ ἐνεργεῖν
ὑπὲρ τῆς εὐδοκίας.

(Philipper 2,13)

Inhaltsverzeichnis

Abkürzungsverzeichnis

AT	Altes Testament
BGC	Baptist General Conference
BBC	Bethlehem Baptist Church
BT	Biblische Theologie
CCEF	Christian Counseling & Educational Foundation
DG	Desiring God Foundation
FTS	Fuller Theological Seminary
GCTS	Gordon-Conwell Theological Seminary
LCA	Lutheran Church in America
NC	New Calvinism (Neuer Calvinismus)
NYC	New York City
NBC	Northern Baptist Convention
PCA	Presbyterian Church of America
PDI	People Of Destiny International
PCUS	Presbyterian Church in the U.S.
PCUSA	Presbyterian Church in the U.S.A.
RCtC	Redeemer City to City
RPC	Redeemer Presbyterian Church
RTS	Reformed Theological Seminary
SGM	Sovereign Grace Ministries
ST	Systematische Theologie
WTS	Westminster Theological Seminary

I Einleitung

Timothy Keller und John Piper sind zwei Protagonisten der zeitgenössischen evangelikalen Welt. Als Pastoren urbaner Megakirchen[1] erlangten beide in den letzten 30 Jahren internationale Bekanntheit. Ihre Bücher sind inzwischen in viele Sprachen übersetzt, ihre Predigten im Internet weltweit begehrt. Sie haben überlappende Wirkungskreise und gemeinsame Freunde im reformierten Zirkel. Auch sind beide persönlich miteinander bekannt und schätzen sich gegenseitig. Piper ist stimmberechtigtes Mitglied der von D. A. Carson und Keller ins Leben gerufenen *The Gospel Coalition.*

Als Pipers Wirken ab 1986 zunehmend internationaler wird, beeinflusst seine offensiv-calvinistische Theologie durch seine Medienpräsenz in Form von Büchern und Online-Predigten ganze Gemeindebewegungen maßgeblich. So ist bekannt, dass Piper einer der Gründe war, dass die um C. J. Mahaney 1982 entstandene Gemeindebewegung *People of Destiny International* die reformierte Theologie entdeckt und 2003 zur *Sovereign Grace Ministries*[2] wird. John Piper entwickelt sich zu einem regelmäßigen Gastsprecher auf einer Vielzahl von Konferenzen. Somit wirkt Piper maßgeblich an der erneuten Popularität der reformierten Theologie mit und prägt die Bewegung des *New Calvinism* mit.[3] Der Siegeszug des Internets und die Übersetzung von Pipers Büchern in viele Sprachen[4] führt dazu, dass diese reformierte Welle auch international wahrgenommen wird.[5] Unabhängig davon gab es in Deutschland zuvor schon eine reformiert-evangelikale Bewegung, deren Einfluss aber durch die Popularität von Piper und seinen Kollegen deutlich wächst. Das Bestreben einiger Verlage, die calvinistische Lehre durch das selektive Übersetzen

---

[1] Eine amerikanische Bezeichnung für Kirchen mit wöchentlich mehr als 2000 Gottesdienstbesuchern.

[2] Nach einer Änderung der Satzung im Jahre 2014 änderte man den Namen in „*Sovereign Grace Churches*".

[3] Auf den Neuen Calvinismus als historischen Hintergrund des Wirkens von Piper und Keller wird in Kapitel 3 näher eingegangen.

[4] Pipers Hauptwerk „*Desiring God*" wird 2005 unter dem Titel „*Sehnsucht nach Gott*" vom 3L Verlag ins Deutsche übersetzt und veröffentlicht.

[5] Der ebenfalls im deutschen Raum an Bekanntheit zunehmende John MacArthur trägt mit der deutschen Übersetzung seiner Studienbibel im Jahre 2002 zu dieser Entwicklung bei.

englischer Werke vom deutschsprachigen Raum weitestgehend fernzuhalten, wird durch diese reformierte Welle obsolet.[6]

Das Momentum dieser reformierten Bewegung wird durch eine starke Verbrüderung und Einheit verstärkt, was sich im Zusammenschluss ihrer Protagonisten[7] auf gemeinsam organisierten Konferenzen ausdrückt. Auch international erlangt die Konferenz *Together for the Gospel* eine gewisse Bekanntheit und wird aufgrund der bewussten Betonung der Gemeinsamkeiten bei gleichzeitig humor- und respektvollem Umgang mit den theologischen Differenzen eine Art Aushängeschild der Bewegung.[8] Ein weiteres Merkmal dieser Bewegung ist das Entstehen vieler Netzwerke und Organisationen, die auch international an Bedeutung und Einfluss gewinnen.[9]

Während Piper als Speerspitze der ersten Welle innerhalb des Neuen Calvinismus betrachtet wird, erlangt Keller erst 2008 mit der Veröffentlichung seines Buches „*The Reason For God: Belief in an Age of Skepticism*" breite nationale Bekanntheit. Zunächst ein New York Times Bestseller, macht dieses Werk Keller auch international bekannt und wird in viele Sprachen übersetzt.[10] Auch die Nachfrage nach Online-Predigten von Keller steigt exponentiell, bis er neben Piper zu einer der prominentesten Figuren des Neuen Calvinismus wird.

1.1   Motivation und Zielsetzung

Bei aller Anerkennung der zweifelsfrei verschiedenen Persönlichkeiten der Neuen Calvinisten und ungeachtet der hohen lehrmäßigen Qualität der Predigten ähneln sich Inhalte und Methodik der Botschaften sehr stark. Strikte Vers-für-Vers-Auslegungen, starke Betonung der persön-

---

6   Beispielsweise fehlen in der Genfer Studienbibel (Hänssler Verlag, 1999) die im englischen Original von R. C. Sproul sehr wohl enthaltenen Ausführungen zum begrenzten Sühneopfer Christi.

7   Neben John Piper sind Mark Dever, Ligon Duncan, Al Mohler, R. C. Sproul, C. J. Mahaney, John MacArthur, Thabiti Anyabwile und Mark Driscoll zu nennen.

8   Bei diesen handelte es sich primär um denominelle Differenzen, z. B. bezüglich der Geistesgaben (Kontinualisten vs. Cessationisten) oder der Taufe (Paedo- vs. Credo-Baptisten).

9   In chronologischer Reihenfolge zu nennen sind *Sovereign Grace Ministries* als Weiterführung der PDI (* 1982), *Desiring God* (* 1994), *Redeemer City to City* (* 1997) und *Acts 29 Network* (* 1998).

10 Keller wählt für diese und nahezu alle weiteren Buchveröffentlichungen bewusst einen säkularen Verlag, die „*Penguin Group*" (vgl. S. 79ff). Die deutsche Übersetzung „*Warum Gott? - Vernünftiger Glaube oder Irrlicht der Menschheit?*" wird im Jahre 2014 durch den Brunnen Verlag veröffentlicht.

lichen Heiligung, der Souveränität Gottes und anderer lehrmäßiger Schwerpunkte der calvinistischen Theologie sind der Standard. Und John Pipers lebhafte und emotionale Art bildet den Höhepunkt jeder Konferenz.

Timothy Keller erscheint als ungewöhnlicher Kontrast dazu und kann als Gegenpol innerhalb der Bewegung gesehen werden. Seine theologischen Schwerpunkte sind vielfältiger und weniger eng, seine Darstellung von Problemen realitätsnah und komplex-vielschichtig, seine Analysen und Kritiken ausgewogen und tiefgründig.[11] Er zeichnet sich zum einen durch seine intellektuell nüchterne Art zu predigen aus, die stets auf das Herz abzielt, zum anderen durch seine christozentrischen Auslegungen, die regelmäßig verwundern. Seine Argumentationen, Predigten, Bücher, in gewisser Weise seine Gedankenstrukturen heben sich deutlich von denen anderer prominenter Pastoren ab. Dazu kommt, dass seine Predigten und Bücher eine starke apologetische Komponente beinhalten, welche Christen wie Nichtchristen gleichermaßen anspricht und herausfordert. Seine Predigten behandeln nicht primär typisch calvinistische Themen, sondern betonen in fast arminianischer Weise die Liebe Gottes oder die Selbstaufopferung Christi am Kreuz zusammen mit den daraus folgenden sehr praktischen Konsequenzen für das Leben als Christ.

Dieser wahrgenommene Kontrast zwischen John Piper als klassischem und Timothy Keller als unkonventionellem Vertreter der Neuen Calvinisten löst eine Reihe von Fragen aus, die sich auf Kellers eigenständigen Ansatz und auch auf seine „Rechtgläubigkeit" im reformierten Sinn beziehen.[12] Auch die vorliegende Arbeit zielt in diese Richtung und befasst sich mit der Beantwortung folgender Fragestellung:

Angenommen, die theologischen Fundamente von Piper und Keller sind beide im reformierten Erbe verankert und stimmen größtenteils überein, woher kommen dann die völlig verschiedenen Herangehensweisen, Methodologien und theologischen Schwerpunkte und wie sind sie zu beurteilen?

Darin enthaltene Aspekte können folgendermaßen strukturiert werden:

---

[11] Er kam schon früh regelmäßig darauf zu sprechen, dass Christen in ihrer Interpretation der Schrift unbemerkt vom Zeitgeist des Individualismus und Materialismus beeinflusst sind.

[12] Einzelne reformierte Kreise kritisieren, dass Kellers Soteriologie zwar reformiert sein mag, seine Methoden aber arminianisch seien. Solche Einschätzungen sind ein Hinweis auf Kellers unkonventionelle Art, die es zu untersuchen gilt.

1) **Theologie:** *Inwiefern stimmen Piper und Keller theologisch überein?*
2) **Differenzen:** *Worin bestehen die Unterschiede und woher rühren sie?*
3) **Legitimation:** *Inwieweit sind diese Unterschiede gerechtfertigt?*

Der Titel *„Das Evangelium als Grundlage für kontextualisierte Gemeinde: Eine Gegenüberstellung der Gemeindearbeit von John Piper und Timothy Keller"* impliziert, dass es nicht primär theologische Unterschiede sind, die zu den dargestellten diametral entgegengesetzten Schwerpunkten Pipers und Kellers führen. Dies zu erörtern gehört zur Zielsetzung dieser Arbeit.

1.2 Gliederung und Besonderheiten

Im Anschluss an diese Einleitung werden in den Kapiteln 2 und 3 die Biographie und Theologie unserer Protagonisten gegenübergestellt und verglichen. Einen Blick auf die jeweilige Denomination und Kirche richten die folgenden Kapitel 4 und 5, bevor im Anschluss in Kapitel 6 die Werke von Piper und Keller betrachtet werden. Hauptsächlicher Gegenstand von Kapitel 7 ist die theologische Vision von Keller im Vergleich zu der von Piper. Mit der Zusammenfassung der gewonnenen Erkenntnisse und ihrer Anwendung auf Gemeindegründung in Metropolen bildet Kapitel 8 den Abschluss dieser Arbeit.

In diesem Zusammenhang sollen einige Besonderheiten dieser Arbeit Erwähnung finden. Auch wenn versucht wird, möglichst viele Facetten von Piper und Keller zu analysieren und einander gegenüberzustellen, kann kein Anspruch auf Vollständigkeit erhoben werden. Zum einen muss im Rahmen der Begrenzungen dieser Arbeit auf eine Darstellung, die der Komplexität einzelner Bereiche wie Persönlichkeit oder Theologie gerecht wird, verzichtet werden. Zum anderen sind einzelne Aspekte und Elemente zwecks Vergleich zielgerichtet ausgewählt. Die Detailfülle wird gemieden, wenn sie nicht zielführend und notwendig für die Zielsetzung der Arbeit ist. Auch ist darauf verzichtet worden, die Herangehensweise und Methodologie von Piper oder Keller in ihrer Fülle und Komplexität wiederzugeben oder zu analysieren. Diese können in der angegebenen weiterführenden Literatur nachgelesen werden.

Weiter muss darauf hingewiesen werden, dass sich eine natürliche Überschneidung zwischen einzelnen Aspekten wie Biographie, Denomination und Theologie nicht gänzlich verhindern lässt. Jedoch ist darauf geachtet worden, keine Redundanz an Informationen entstehen zu lassen.

In dieser Arbeit wurde ausschließlich mit den englischen Buchausgaben gearbeitet. Zum einen, weil nicht alle Bücher ins Deutsche übersetzt wurden, zum anderen aus Gründen der Einheitlichkeit. Wiedergegebene Zitate aus diesen Büchern oder anderen englischen Quellen geben meine persönliche Übersetzung wieder, nicht die der ggf. existenten deutschen Fassung.

Aufgrund des zunehmenden Einzugs von Anglizismen in die deutsche Sprache werden an einigen Stellen dieser Arbeit englische und deutsche Fachtermini austauschbar verwendet. Die Wiederholung langer Namen von Organisationen oder Institutionen wird umgangen, indem nach Einführung die üblichen Abkürzungen verwendet werden. Diese können im Abkürzungsverzeichnis nachgeschlagen werden.

Der maßgebliche Teil dieser Arbeit entstand in den Jahren 2014-2015. In den nachfolgenden Jahren 2016, 2017 und 2018 fanden abschließende Ergänzungen und Überarbeitungen statt.

2 Biographie

Unter dem Titel „*10 Ideas Changing The World Right Now*"[13] befasst sich die Spezialausgabe 2009 des Time Magazine mit der Bewegung des *New Calvinism*, die weit über die Grenzen der USA Einfluss auf die christliche Welt hatte. Das Wirken von John Piper, insbesondere die Veröffentlichung seines Hauptwerkes *Desiring God*[14] im Jahr 1986, wird rückblickend häufig als Initiator und Katalysator dieser Bewegung verstanden[15]. Ein späterer Protagonist ist Timothy Keller mit seiner Gemeindegründung in Manhattan, New York City, und seinem New York Times Bestseller *The Reason For God*[16].

In diesem Kapitel sollen die Werdegänge[17] beider Männer betrachtet werden. Eine zusammenfassende Übersicht ist am Ende des Kapitels zu finden (S. 42).

2.1 John Piper

John Stephen Piper erblickt am 11. Januar 1946 in Chattanooga, Tennessee, das Licht der Welt. Der christliche Glaube ist Teil von John Pipers Erziehung und Kindheit. Sein Vater ist baptistischer Wanderprediger und Gemeindegründer, der aufgrund seiner Arbeit viel reist.[18]

---

13 David Van Bierna; Time Magazine U.S. (Hrsg.). *10 Ideas Changing The World Right Now*. 2009 URL: http://content.time.com/time/specials/packages/article/0,288 04,18847791884782_1884760,00.html – Zugriff am 12.07.2014.

14 John Piper. *Desiring God: Meditations of a Christian Hedonist*. Oregon: Multnomah, 1986.

15 Siehe hierzu z.B. die visuelle Historie in Tim Challies/Josh Byers. *Where Did All These Calvinists Come From? A Visual History*. 2014 URL: http://www.challies.com/resources/where-did-allthese-calvinists-come-from-a-visual-history – Zugriff am 11.07.2014.

16 Timothy J. Keller. *The Reason for God: Belief in an Age of Skepticism*. New York City: Penguine Group – Dutton Adult, 2008.

17 Zu beiden Protagonisten bieten deren jeweilige Wikipedia-Artikel eine detaillierte Sammlung an Grundinformationen in Wikipedia (Hrsg.). *John Piper*. 2014 URL: http://en.wikipedia.org/wiki/John_Piper_(theologian) – Zugriff am 12.07.2014 und Wikipedia (Hrsg.). *Tim Keller*. 2014 URL: http://en.wikipedia.org/wiki/Timothy_Keller_(pastor) – Zugriff am 12.07.2014.

18 Eine Danksagung an seine Mutter findet sich in John Piper/Wayne Grudem. *Recovering Biblical Manhood and Womanhood*. Wheaton, Illinois: Crossway Books, 1991, Kapitel 1.

Die Familie Piper zieht weiter nach Greenville, South Carolina, wo John und seine ältere Schwester aufwachsen. Piper erinnert sich nicht an seine Bekehrung, die laut seinem Vater mit sechs Jahren im Beisein seiner Mutter in Fort Lauderdale gewesen ist. Piper erzählt, dass er gläubig ist, solange er zurückdenken kann.[19]

Ausbildung und Lehre

In den Jahren 1964-68 besucht Piper[20] das Wheaton College und studiert Literatur mit Philosophie als Nebenfach. Dort lernt er auch Noël Henry kennen, die er gegen Ende seiner Zeit am College 1968 heiratet.

Im Anschluss an seine College-Zeit schreibt sich Piper am Fuller Theological Seminary ein. Dort studiert er von 1968 bis 1971 und erwirbt seinen Bachelor of Divinity. Während seines Studiums entdeckt er durch Vorlesungen von Daniel Fuller die Werke von Jonathan Edwards. Die Vorlesungen in biblischer Exegese und systematischer Theologie bei Fuller führen Piper weg von den arminianischen Präsuppositionen hin zur reformierten Soteriologie.

Nachdem Piper an der Universität Princeton abgelehnt wird, führt ihn die nächste Etappe seiner Ausbildung nach Deutschland in die Hochburg der liberalen Theologie. An der Ludwig-Maximilians-Universität in München schreibt er in den Jahren 1971-74 unter Leonhard Goppelt im Bereich neutestamentlicher Studien seine Doktorarbeit zum Thema der Feindesliebe Jesu. Bezogen auf die Inhalte und Überzeugungen des theologischen Ausbildungssystems und der liberalen Landeskirche wird Piper in München vor Augen gemalt, was er unter keinen Umständen verkörpern will. In einer biographischen Predigt über seinen Werdegang listet er viele Kritikpunkte auf, die der Schrift zuwider und absolut zerstörerisch für die Kirche sind.[21]

---

[19]   Siehe z. B. in John Piper. *The Author of the Greatest Book Ever Written*. The Cross Quoters, 1998 URL: http://crossquotes.com/2013/11/16/john-piper-you-have-an-amazing-conversionstory/ – Zugriff am 11.07.2014.
[20]   Foto von John Piper CC-BY-2.0 by Micah Chiang (Wikimedia Commons).
[21]   John Piper. *The Pastor As Scholar: A Personal Journey*. Desiring God 2009 Outside Event at Park Community Church, 2009 URL: http://www.desiringgod.org/confe rence-messages/the-pastoras-scholar-a-personal-journey – Zugriff am 24.07.2014.

Unmittelbar nach seiner Rückkehr in die USA wird Piper Professor für Theologie an der heutigen Bethel University in St. Paul, Minnesota. Dort lehrt er von 1974-80.

Gemeindedienst

Aufgrund eines unwiderstehlichen Drängens Gottes einen vollzeitlichen pastoralen Dienst aufzunehmen, kündigt Piper im Jahr 1980 nach einer langen Zeit des Prüfens seine Professur und wird Hauptpastor der *Bethlehem Baptist Church* in Minneapolis. Nach 33 Jahren überträgt er die Leiterschaft an seinen Nachfolger *Jason Meyer*. Er hält am 31. März 2013 seine letzte Predigt, beendet seinen pastoralen Dienst und zieht samt seiner Familie für eine gewisse Zeit nach Tennessee, um es der neuen Leiterschaft zu ermöglichen, ungestört eine neue Gemeindevision und -strategie zu entwickeln. Dennoch ist er weiterhin Mitglied der BBC und kehrt dorthin auch als reguläres Mitglied zurück. Im Rahmen seines Gemeindedienstes ist er Autor von über 50 Büchern und ein begehrter Konferenzredner.

Schon früh fühlt sich Piper der Ausbildung von Pastoren und Missionaren verpflichtet. In der ersten Dekade seines Dienstes als Pastor entwickelt er zusammen mit seiner Leiterschaft ein Ausbildungscurriculum. Dies sind die kleinen Anfänge aus denen 1998 das *Bethlehem Institute* wurde. Das Ausbildungszentrum wird ein Erfolg, so dass Piper das Institut 2008 zum *Bethlehem College & Seminary* ausbaut, dem er auch heute noch als Kanzler vorsteht.

Auch unbequemen Entscheidungen geht Piper nicht aus dem Weg. Im Jahr 2007 muss Piper zusammen mit seinen Ältesten nach vielen Gesprächen seinen damals 19-jährigen Sohn Abraham aufgrund dessen Lebenswandels von der Gemeinde ausschließen. Er bietet dabei seine Resignation als Pastor an, allerdings lehnt die Ältestenschaft dies auch aufgrund der Volljährigkeit seines Sohnes ab. Nach vier Jahren kehrt sein Sohn zur Freude aller als Christ in die Gemeinde zurück.[22]

Im Jahr 2010 erbittet sich Piper eine 10-monatige Auszeit und Entbindung von allen Pflichten als im Rampenlicht der Öffentlichkeit stehender Pastor der BBC. Er begründet dies mit fortlaufenden Charakterschwächen und Sündenmustern, die ihm Sorgen bereiten. Auch wollen er

---

[22] Christine A. Scheller/Abraham Piper; Keith Baker (Hrsg.). *Let Them Come Home: John and Abraham Piper.* 2012 URL: http://www.christianitytoday.com/ct/2012/marchweb-only/johnpiper-racism-reconciliation.html?start=2 – Zugriff am 25.07.2014.

und Noël an ihrer Ehe arbeiten, die unter dem Druck von Pipers Dienst zunehmend litt.[23]

Da Piper die Pensionierung im Alter als unbiblisch erachtet[24], ist es ihm ein Herzensanliegen, in den verbleibenden Jahren seine neu gewonnene Freiheit zu nutzen und durch *Desiring God* noch stärker der weltweiten Gemeinde Gottes zu dienen, vor allem als Autor, Konferenzsprecher oder Gastprediger. Sein bedeutender und nachhaltiger Einfluss auf eine ganze Generation von Reformierten wurde mit einem Buch geehrt.[25]

John and Noël Piper haben fünf Kinder in einer Altersspanne von 18 bis 41 Jahren: Karsten, Benjamin, Abraham, Barnabas sowie Talitha Ruth.[26]

Einflüsse und Vorbilder

Ein wesentlicher und prägender Haupteinfluss[27] im Leben von John Piper ist sein Vater *Bill Piper*. Auf einer Konferenz äußert sich Piper folgendermaßen:

> „Wo lernte ich, dass Freude an Gott unsere höchste Pflicht ist? Vor Jonathan Edwards, vor C.S. Lewis und vor Daniel Fuller war da Bill Piper, der unsystematisch, unapologetisch und nahezu unwissend sagte: ‚Gottes einzige Forderung ist die, dass du in Christus zufrieden bist.‘ Lange bevor John Piper *The Weight of Glory*[28] von C.S. Lewis las und daraus lernte, welche Dummheit es ist, sich Schlösser aus Schlamm zu bauen, weil man sich keinen Urlaub am See vorstellen kann, hörte er seinen Vater über die Kuh und den Stacheldrahtzaun an der Straße sprechen, wie sie den Kopf durch den Stacheldrahtzaun zur Staße hin steckt, um dürres Gras zu fressen,

---

[23] John Piper. *John Piper's Upcoming Leave*. Desiring God, 2010 URL: http://www.desir inggod.org/articles/john-pipers-upcoming-leave – Zugriff am 25.07.2014.

[24] John Piper. *Rethinking Retirement: Finishing Life for the Glory of Christ*. Wheaton, Illinois: Crossway Books, 2009.

[25] John Piper. *Rethinking Retirement: Finishing Life for the Glory of Christ*. Wheaton, Illinois: Crossway Books, 2009.

[26] Trillia Newbell; Knoxville.com (Hrsg.). John Piper retreats to Knoxville for a year of writing and reflection, and shares his thoughts on fatherhood. 2013 URL: http://www.knoxnews.com/knoxville/life/john-piper-steps-away – Zugriff am 24.07.2014.

[27] Für eine Liste von Büchern, die Piper selber nennt, siehe: John Piper. *Books That Have Influenced Me Most*. Desiring God, 1993 URL: http://www.desiringgod.org/ar ticles/books-thathave-influenced-me-most – Zugriff am 22.07.2014.

[28] C. S. Lewis. *Weight Of Glory*. London: Society for Promoting Christian Knowledge, 1941.

während hinter ihr die saftige Weide liegt. Lange bevor John Piper in *Pensées*[29] von Blaise Pascal las, dass alle Menschen nach Zufriedenheit streben, lernte er von seinem Vater ebendiese Wahrheiten."[30]

An verschiedenen Stellen macht Piper auf den Einfluss durch seine Eltern sowie seine frühe Berührung mit dem Glauben durch den Beruf seines Vaters als reisender Evangelist aufmerksam. Wie nachdrücklich dies Piper geprägt haben mag, zeigt folgendes Zitat:

> „Beim Abendessen (dies waren in meiner Erinnerung die glücklichsten Zeiten) hörten wir über die Siege des Evangeliums. Ohne Zweifel ist es aufregender, der Sohn eines Evangelisten zu sein, als bei Rittern und Kriegern zu sitzen."[31]

Weitere wichtige Einflüsse sind C. S. Lewis' Werke, welche vielfältige Auswirkungen auf ihn haben. Sie befreien Piper von der *„Tyrannei des Neuen"*, öffnen seine Augen für *„die Weisheit der Vergangenheit"* und zeigen ihm, dass *„rigorose, präzise, durchdringende Logik weder für tiefe, die Seele aufwühlende Gefühle, noch für lebhaft-lebendige, sogar verspielte Vorstellungskraft schädlich ist"*.[32]

Piper studiert Hermeneutik unter Professor Emeritus Daniel P. Fuller. Dieser prägt ihn theologisch und persönlich. Fuller ist Piper ein Vorbild im Umgang mit der Bibel und begründet z. B. Pipers Streben nach Einheit in der Theologie. Pipers Art der Exegese und Predigtvorbereitung trägt die deutliche Handschrift Fullers (vgl. hierzu Abschnitt 3.3).

Ein maßgeblicher Faktor in Pipers späterem Formulieren des *Christlichen Hedonismus* ist der Philosoph und Theologe Jonathan Edwards (1703–1758), der bis heute als Amerikas größter Denker gilt und den Piper durch Fullers Vorlesungen entdeckt hat. Die Faszination an diesem *„intellektuellen Giganten"* rührte ähnlich wie bei Lewis daher, dass *„Logik und Gefühl glücklich im Herzen von Jonathan Edwards verheiratet sind"*.[33] Den Ansatz der Herrlichkeit Gottes als Essenz und Grund für die Totalität des

---

[29]   Blaise Pascal. *Pensées sur la religion et sur quelques autres sujets*. Paris: Guillaume Desprèz, 1660.

[30]   John Piper. *Evangelist Bill Piper: Fundamentalist Full of Grace and Joy*. Desiring God 2008 Conference for Pastors, 2008 URL: http://www.desiringgod.org/biog raphies/evangelist-billpiper-fundamentalist-full-of-grace-and-joy#_ftn1 – Zugriff am 22.07.2014.

[31]   John Piper, a.a.O. Fn. 30.

[32]   John Piper. *Books That Have Influenced Me Most*, a.a.O. Fn. 27.

[33]   John Piper, a.a.O. Fn. 27.

Wirkens Gottes bezieht Piper von Edwards.[34] Dessen Gedankengänge nachzuvollziehen sind für Piper anstrengend und mühsam. Gleichzeitig aber erweitert es seinen Horizont und hilft ihm, durch das Nachvollziehen komplizierter Sachverhalte näher in die Gegenwart Gottes vorzudringen. Weitere für Pipers Denken prägende Werke Edwards' sind *„Die Freiheit des Willens"*[35], – für Piper ein biblisches Stahlgerüst der Souveränität Gottes –, *„Religiöse Hinwendungen"*[36], *„Das Wesen wahrer Tugend"*[37], *„Eine Verteidigung der herrlichen christlichen Lehre der Erbsünde"*[38], *„Wohltätigkeit und ihre Früchte"*[39] sowie *„Eine unveröffentlichte Abhandlung über die Trinität"*[40], auf die sich Piper in seinem Hauptwerk *Desiring God*[41] direkt bezieht. Diese Abhandlung ist seine Eintrittskarte in die literarische Welt von Jonathan Edwards. Piper erinnert sich an einen Vorlesungstag, an dem Prof. Fuller von einem Studenten der neuen Schule der Psychologie vorgeworfen wird, zu rational zu sein. Daraufhin antwortet Fuller:

> „Wieso können wir nicht wie Jonathan Edwards sein, der in einem Augenblick im andächtigen Stil schreibt, der das Herz deiner Großmutter wärmen würde, und im nächsten Augenblick ein komplexes philosophisches Argument darlegt, das die höchsten Denker seiner Zeit verblüffte?"[42]

Dies beeindruckt Piper so nachhaltig, dass er sich unmittelbar nach der Vorlesung vom bisher für ihn unbekannten Edwards aus der Bibliothek die *„Abhandlung über die Trinität"* vornimmt.

Pipers Art zu predigen ist von den Puritanern und auch von dem walisischen Prediger D. Martyn Lloyd-Jones (1899–1981) beeinflusst. Dieser ist bekannt für sein 30-jähriges Wirken als Hauptpastor der

---

34   Johnathan Edwards. *Dissertation Concerning The End For Which God Created The World.* 1749 URL: http://www.ccel.org/ccel/edwards/works1/Page_94.html – Zugriff am 23.07.2014.

35   Johnathan Edwards. *Freedom Of The Will.* 1754 URL: http://www.ccel.org/ccel/edwards/will.html – Zugriff am 23.07.2014.

36   Johnathan Edwards. *Religious Affections.* 1754 URL: http://www.ccel.org/ccel/edwards/affections – Zugriff am 23.07.2014.

37   Johnathan Edwards. *Dissertation Concerning The Nature Of True Virtue.* 1749 URL: http://www.ccel.org/ccel/edwards/works1/Page_122.html – Zugriff am 23.07.2014.

38   Johnathan Edwards. *The Great Christian Doctrine Of Original Sin Defended.* 1748 URL: http://www.ccel.org/ccel/edwards/works1/Page_143.html – Zugriff am 23.07.2014.

39   Johnathan Edwards. *Charity And Its Fruits.* 1749 URL: http://www.archive.org/stream/christianloveasm00edwauoft#page/n5/mode/2up – Zugriff am 23.07.2014.

40   Johnathan Edwards. *An Unpublished Essay on the Trinity.* 1757 URL: http://www.ccel.org/ccel/edwards/trinity.html – Zugriff am 23.07.2014.

41   John Piper. *Desiring God: Meditations of a Christian Hedonist,* a.a.O. Fn. 14, S. 44.

42   John Piper. *Books That Have Influenced Me Most,* a.a.O. Fn. 27.

Westminster Chapel in London. Lloyd-Jones steht ganz in der Tradition der Puritaner, was seine Lehre und Predigt betrifft, und gilt heute als einer der einflussreichsten Prediger des 20. Jahrhunderts.[43] Piper befasst sich mit Lloyd-Jones' Leben, Wirken und Theologie in einer seiner Predigten.[44] Lloyd-Jones' Charakterisierung von Predigten als *„Logik und Feuer, Licht und Hitze, Wort und Geist"* beeindruckt und prägt Piper persönlich. Das Erlebnis, Lloyd-Jones predigen zu hören, vergleicht J. I. Packer mit dem *„Nachdruck elektrischer Schocks"*[45]. Die detailreichen Auslegungspredigten Lloyd-Jones', bei denen er über Monate oder Jahre einzelne Kapitel der Bibel Vers für Vers predigt, sind ein Charakteristikum, das sich Piper als Stilmittel aneignet, wie seine über acht Jahre andauernde Predigtreihe über den Römerbrief verdeutlicht.

Viele weitere Einflüsse wie John Stott und dessen Auslegungen zum Römerbrief könnten hier genannt werden, aber wie schon in der Einleitung erwähnt, soll und kann im Rahmen dieser Arbeit keine Vollständigkeit erzielt werden. Die genannten Vorbilder sind ohne Zweifel die primären, die John Piper geformt haben.

Besonderheiten

In Anbetracht der Dinge, die Piper in seinem Leben bereits erreicht hat, erscheinen die Schwierigkeiten, mit denen er nach eigenen Aussagen kämpft, kaum ins Gewicht zu fallen. Sie sollen hier chronologisch einen Einblick in die Person Pipers geben.

Wie bereits erwähnt, verehrt Piper seinen Vater als Prediger des Evangeliums. Gleichzeitig aber ist sich Piper sicher, dass er aufgrund seiner Panik und Angst, vor Menschen öffentlich zu sprechen, niemals in dessen Fußstapfen wird treten können. Diese Angst bereitet ihm seit frühesten Schulzeiten große Probleme, da er weder Referate halten noch mündliche Prüfungen absolvieren kann. Er bekommt in solchen Momenten kein einziges Wort aus seinem Mund. Für Piper wirkt das wie eine Behinderung, wie er selber sagt, denn damit waren sowohl die Pastoren-

---

[43] Michael Duduit; Preaching Magazine (Hrsg.). *The Ten Greatest Preachers of The Twentieth Century.* 2010 URL: http://www.preaching.com/resources/articles/11565635/ – Zugriff am 24.07.2014.

[44] John Piper. *A Passion for Christ-Exalting Power: Martyn Lloyd-Jones on the Need for Revival and Baptism with the Holy Spirit.* Desiring God 1991 Bethlehem Conference for Pastors, 1991 URL: http://www.desiringgod.org/biographies/a-passion-for-christ-exalting-power – Zugriff am 24.07.2014.

[45] Christopher Catherwood. *Five Evangelical Leaders.* Wheaton, Illinois: Shaw Books, 1985, S. 170.

schaft als auch Predigen allgemein aus den Träumen frühzeitig verbannt. Dieses Unvermögen beseitigt Gott im Sommer 1966, als Piper vor 500 Studenten ein Gebet sprechen muss und dies entgegen seiner Befürchtungen schafft.[46]

Eine weitere Quelle der Frustration begegnet Piper am christlichen Wheaton College. Neben der anspornenden Wirkung der überwältigenden Anzahl intelligenter, engagierter Studenten und dem Enthusiasmus der Professoren entdeckt Piper seine Grenzen und Schwächen. So sehr er sich auch bemüht, bleibt er trotz allem Fleiß immer ein guter durchschnittlicher Student. Hier spielt ein weiteres Hindernis hinein, das ihn bis heute begleitet: Piper ist ein sehr langsamer Leser. Seine Mitstudenten, wie z. B. der heute renommierte Professor für Geschichte Mark Noll, lasen bis zu 30-mal schneller als Piper und konnten sich dazu noch an das Gelesene erinnern. Piper hingegen kostet das Lesen große Anstrengung und Zeit. Selbstironisch sagt Piper über seine Fähigkeiten: *„Ihr habt es hier mit einem unglaublich schlecht ausgerüsteten, unwissenschaftlichen Gehirn zu tun!"*[47] Diese augenscheinliche Schwäche allerdings hat sich Piper in gewisser Weise zu Nutze gemacht: Zwar liest er gezwungenermaßen langsam, aber er liest sehr genau und sorgfältig, auf der Suche nach einzelnen, lebensverändernden Sätzen.

„Ich fühle, was ich lese. Ich lese, als ob ich eine Frucht pflücken würde, dann halte ich inne, um sie schließlich zu verspeisen!"[48]

„Mehr als 25 Jahre ernsthaften Lesens haben mich folgendes gelehrt: Es sind Sätze, die mein Leben verändern, nicht Bücher. Mein Leben wird verändert durch neue Einblicke in Wahrheiten, mächtige Herausforderungen, Lösungen zu lange bestehenden Problemen. Und diese finden sich üblicherweise in ein bis zwei Sätzen. Zwar erinnere ich mich an 99% des Gelesenen nicht, aber wenn das 1% jedes Buches oder Artikels lebensverändernde Einsichten beinhaltet, trauere ich den 99% nicht nach."[49]

Wegen dieser Begrenzungen weist Piper es von sich, als Akademiker oder theologischer Gelehrter betrachtet zu werden. Allerdings beurteilen

[46] John Piper. The *Pastor As Scholar: A Personal Journey*, a.a.O. Fn. 21
[47] Andy Naselli. *John Piper and D. A. Carson: The Pastor as Scholar and the Scholar as Pastor*. Carl F. H. Henry Center for Theological Understanding, 2009 URL: http://henrycenter.tiu.edu/2009/04/john-piper-and-d-a-carson-the-pastor-as-scholar-and-the-scholar-as-pastor/ – Zugriff am 24.07.2014.
[48] Andy Naselli, a.a.O. Fn. 47.
[49] John Piper; Desiring God (Hrsg.). *Quantitative Hopelessness and the Immeasurable Moment*. 1981 URL: http://www.desiringgod.org/sermons/quantitative-hopelessness-and-theimmeasurable-moment – Zugriff am 29.07.2014.

Kollegen wie D. A. Carson dies anders und heben Pipers akademische Qualitäten lobend hervor. Auch hindert seine Selbsteinschätzung als Nichtakademiker Piper nicht daran, sich kritisch mit akademischen Theologen in Buchform auseinanderzusetzen. Angesichts der vielen von ihm verfassten Bücher könnte man ohnehin scherzhaft unterstellen, dass das Schreiben ihm schneller von der Hand gehe als das Lesen.

Piper entdeckt am Wheaton College seine Leidenschaft für Poesie. Hier spielen mehrere Faktoren eine Rolle. Zum einen vermeidet Piper zu dieser Zeit aus den oben genannten Gründen das Lesen von Romanen oder längeren Werken. Stattdessen besucht er jede Vorlesung über Poesie, die er finden kann. Sein langsames Lesen und das regelrechte Fühlen und Schmecken der gelesenen Worte passen sehr gut in das Konzept von Poesie. Dies führt heute dazu, dass für Piper jedes einzelne Wort genau gewählt ist und Bedeutung haben muss. Bei Konferenzen von *Desiring God* etwa macht Piper in der ersten Einheit oft auf die sorgfältig gewählte Bezeichnung und deren Bedeutung aufmerksam und grenzt sie gegen mögliche Alternativen ab. Bis heute hat Piper auch eine Reihe an Büchern mit Gedichten veröffentlicht, sei es zu besonderen Anlässen wie Weihnachten, Ostern und Pfingsten, sei es als Zeitzeugnis über eine lange und glückliche Ehe mit seiner Frau Noël.

Damit eng verknüpft ist Pipers akribische Präzision bei der Formulierung von lehrmäßigen Aussagen. An vielen Stellen seines Schaffens ist ersichtlich, dass er stets sehr genau und penibel in diesen Fragen ist. Ein gutes Beispiel ist das geringfügige Abwandeln der Antwort aus dem Westminster Katechismus auf die Frage, was das höchste Ziel des Menschen ist. Aus *"The chief end of man is to glorify God, and to enjoy him forever"* macht Piper *"The chief end of man is to glorify God by enjoying him forever"*. Dies ist typisch für Piper, weist er doch fortwährend auf die Bedeutsamkeit einzelner Präpositionen in Predigttexten hin (vgl. S. 53). Aufgrund dieser Charakteristik kann behauptet werden, Pipers Lebenswerk fuße auf einer abgewandelten Präposition. Aber natürlich liegt diese Achtsamkeit für kleine Details auch im Erbe von Größen wie Edwards oder Lloyd-Jones begründet und an der absoluten Dringlichkeit von korrekter Theologie zum Schutz der Kirche. Wenn man Mimik und Gestik beachtet, während Piper sich zu dogmatischen Fragestellungen äußert, kann man daraus schließen, wie bedeutsam diese für Piper sind – mögen sie auch für andere Haarspaltereien darstellen. Er bekräftigt dies in folgendem Zitat:

„Die einzigen Dinge, über die ich überhaupt sprechen möchte, gerade in der Öffentlichkeit, sind die Dinge, die mir am meisten bedeuten!"[50]

Piper sieht sich genötigt, einzelne Dogmen oder deren Teilaspekte auch mit enormem Zeitaufwand zu verteidigen. Dies kann gut anhand der Auseinandersetzung mit N. T. Wright und dessen neuer Rechtfertigungslehre[51], ob die Rechtfertigung dem Christen nur verliehen (im Englischen: to impart) oder auch angerechnet (im Englischen: to impute) wird[52], beobachtet werden.[53]

Zuletzt muss betont werden, dass Piper einen Ansatz und Zugang zu Gott hat, der im 21. Jahrhundert als sehr eigen bezeichnet werden muss. Sein Sohn Barnabas bringt es folgendermaßen zum Ausdruck:

„Meines Vaters Perspektive auf Gott und seine Beziehung zu ihm sind so groß und so mächtig, dass es wie der einzige Weg, zu Gott zu kommen, aussieht. Aber es funktioniert für mich so nicht."[54]

Egal, ob als Buch oder als Predigt: Piper vermittelt ein Bild von Gottes Herrlichkeit, welche so allumfassend, mächtig und groß ist, dass es paradoxerweise auch erdrückend und erschlagend wirken kann.

Leiden

Im Umgang mit persönlichem Leid kommt die Authentizität von Pipers theologischen Überzeugungen deutlich zum Vorschein. Im Jahr 2006 wird bei ihm Prostatakrebs diagnostiziert, wobei die Ärtze von einer gut behandelbaren Art Krebs ausgehen. Daraufhin schreibt Piper mehrere Briefe an seine Gemeinde, worin es heißt:

---

[50]   John Piper. *The Pastor As Scholar: A Personal Journey*, a.a.O. Fn. 21.

[51]   Besser bekannt unter dem Titel: *Die neue Paulusperspektive*.

[52]   John Piper. *Counted Righteous In Christ: Should We Abandon the Imputation of Christ's Righteousness?* Desiring God, 2002 URL: http://www.desiringgod.org/books/counted-righteousin-christ – Zugriff am 24.07.2014.

[53]   John Piper. *The Future of Justification: A Response to N. T. Wright*. Desiring God, 2007 URL: http://www.desiringgod.org/books/the-future-of-justification – Zugriff am 24.07.2014.

[54]   Jonathan Meritt. *John Piper's son discusses the 'dysfunction and conflict' of his upbringing.* Jonathan Meritt on Faith & Culture, 2014 URL: http://jonathanmerritt.religionnews.com/2014/07/01/john-pipers-son-discusses-dysfunction-conflict-upbringing/ – Zugriff am 24.07.2014.

„Diese Nachrichten sind natürlich gut für mich. Das gefährlichste in der Welt ist die Sünde der Selbstständigkeit und die Stumpfheit der Weltlichkeit. Die Nachrichten über meinen Krebs haben einen wunderbar vernichtenden Effekt auf beides. Ich danke Gott dafür. Die Zeiten mit Christus in diesen Tagen sind ungewöhnlich süß."[55]

Am Abend vor seinem operativen Eingriff, der erfolgreich sein sollte, schreibt Piper seine Gedanken und Erfahrungen auf. Diese werden zunächst als Anhang[56] und später als eigenständiges Büchlein[57] veröffentlicht.

Alles in allem demonstriert gerade auch der Umgang mit Leid Pipers außergewöhnliches Gottvertrauen und seinen standfesten Charakter.

2.2 Timothy Keller

Etwa 1200 Kilometer vom Piper'schen Geburtsort entfernt, wird Timothy James Keller[58] am 23. September 1950 in Lehigh Valley, Pennsylvania, geboren und wächst dort als ältester von drei Geschwistern auf. Über seine Eltern und seine Kindheit ist in der Öffentlichkeit wenig bekannt, außer dass er in einer christlichen Familie mit traditionellen Rollenverteilungen aufwächst.[59] Als Familie sind die Kellers in der deutsch-lutherischen  Kirche, der *Lutheran Church in America* (LCA). Allerdings wechseln sie nach der Konfirmation Kellers 1964 in eine Baptistengemeinde, da die liberale Theologie in der LCA Fuß fasst. Keller erlebt in seiner Collegezeit viele persönliche und geistliche Krisen, die ihn seine fundamentalen christlichen Überzeugungen anzweifeln lassen.[60]

---

[55] John Piper. *Letter to the Congregation: Cancer Announcement.* Desiring God, 2006 URL: http://www.christianity.com/1372425/ – Zugriff am 25.07.2014.

[56] John Piper. *Suffering and the Sovereignty of God.* Wheaton, Illinois: Crossway Books, 2006.

[57] John Piper. *Don't Waste Your Cancer.* Wheaton, Illinois: Crossway Books, 2011.

[58] Foto von Timothy Keller CC-BY-SA-2.0 by Frank Licorice (Wikimedia Commons).

[59] Siehe die Ausführungen über unterschiedliche Familienprägungen und deren Auswirkungen auf die Ehe in Timothy J. Keller/Kathy Keller. *The Meaning of Marriage: Facing the Complexities of Commitment with the Wisdom of God.* New York City: Penguine Group – Dutton Adult, 2011, S. 151.

[60] Timothy J. Keller. *Encounters with Jesus: Unexpected Answers to Life's Biggest Questions.* New York City: Penguine Group – Dutton Adult, 2013, S. ix.

Ausbildung

In dieser schweren Collegezeit beginnt Keller[61], die Bücher von C. S. Lewis zu lesen und sich zu dieser fantasiereichen und logischen Präsentation des christlichen Glaubens hingezogen zu fühlen. Keller besucht in den Jahren 1968-72 die Bucknell University in Lewisburg, Pennsylvania und erwirbt dort seinen Bachelor of Arts. Anders als Piper betont Keller, dass er erst 1970 während seinen Universitätsjahren durch den Dienst von InterVarsity Christian Fellowship seine Bekehrung erlebt. Sein Studium der Theologie 1972-75 schließt er mit einem Master of Divinity an dem Gordon-Conwell Theological Seminary (GCTS) in South Hamilton, Massachusetts ab. Interessanterweise sind die ebenfalls der *New Calvinism* Bewegung zuzuordnenden *Mark Dever* und *Kevin DeYoung* weitere Alumni neben Keller. Ohne Zweifel sind die Werke von C. S. Lewis instrumental für Gottes Wirken in Kellers Leben. Hinzu kommen am GCTS viele reformierte Autoren wie J. I. Packer, Richard Lovelace, R. C. Sproul und John Stott, die Keller für die reformierte Tradition des Christentums gewinnen. Während seiner Zeit am Gordon-Conwell lernt er Kathy Louise Kristy kennen, die er kurz vor Beginn des Abschlusssemesters heiratet. Für seine letzten drei Jahre am GCTS wird Keller ein Mitarbeiter von InterVarsity Christian Fellowship in Boston.

Gemeindedienst und Weiterbildung

Unmittelbar im Anschluss wird Keller 1975 von der *Presbyterian Church of America* (PCA) zum Pastor ordiniert, zieht mit seiner Familie nach Virginia und beginnt seinen vollzeitlichen Dienst im ländlichen West-Hopewell.[62] Dort ist er zunächst nur als dreimonatiger Interim-Pastor vorgesehen, bis die Gemeinde jemanden mit mehr Erfahrung findet. Allerdings macht Keller einen guten Eindruck und wird gebeten zu bleiben.

Anders als Piper übernimmt Keller eine kleine Gemeinde von durchschnittlich 90 Besuchern. In seinen neun Jahren dort bis 1984, die prägend und außerordentlich wichtig für Kellers spätere Entwicklung

---

[61] Foto von Frank Licorice, 30. September 2006 (Wikipedia).
[62] West-Hopewell Presbyterian Church (Hrsg.). *Our Story.* 2014 URL: http://west hopewell.com/our-story/ – Zugriff am 11.07.2014.

sind, wächst die Gemeinde auf durchschnittlich 300 Besucher an.[63] Während diesem ersten Pastorat kommen Kellers drei Söhne David, Michael und Jonathan zur Welt. Ansonsten ist über diese Zeit wenig bekannt, außer dass sie sich grundlegend von seinem späteren pastoralen Dienst in Manhatten, New York City, unterscheidet.

Neben seiner Tätigkeit als Hauptpastor in West-Hopewell studiert Keller am Westminster Theological Seminary weiter, wo er 1981 unter *Harvie M. Conn* seinen Doctor of Ministry zu dem Thema Barmherzigkeitsdienste absolviert. Conn ist dort Professor für Mission und hat zuvor selbst in Korea als Missionar gewirkt. Ebenfalls parallel zu seinem pastoralen Dienst arbeitet Keller als Direktor für Gemeindegründung der PCA, wo er die Entwicklung einer Vielzahl neuer Gemeinden beaufsichtigt.

Lehrtätigkeit, übergemeindliche Aufgaben und Gemeindegründung

Nach dem Ende seiner pastoralen Tätigkeit 1984 erhält Keller eine Professur am Westminster Seminary und lehrt dort im Bereich praktische Theologie, weshalb die Familie Keller dazu nach Philadelphia umzieht. In dieser Zeit ist Keller Direktor für Barmherzigkeitsdienste der PCA und veröffentlicht zu diesem Themenbereich sein erstes Buch.[64] Dies kann als frühe Weichenstellung betrachtet werden, da Keller dadurch mit dem Dienst in Großstädten in Berührung kommt und sich in Bereichen wie AIDS, systemischer Arbeitslosigkeit und Armut engagiert. Auch ist Keller in dieser Zeit sehr in evangelistischen Bemühungen unter Muslimen aktiv und leitet außerdem eine Organisation, die sich mit Möglichkeiten zum Erreichen von Homosexuellen auseinandersetzt.

Als die PCA 1987 beginnt, eine Gemeindegründung in New York City vorzubereiten, bekommt Keller die Aufgabe zur Feldrecherche und legt damit die Grundlagen dieses ambitionierten Vorhabens. Als zwei aussichtsreiche Kandidaten für den Posten des Gemeindegründers kurzfristig abspringen, wird die Suche nach einem geeigneten Pastor dringender. Keller, der den Posten als Gemeindegründer zuvor mehrmals abgelehnt hat, stimmt nach langem Überlegen und Beraten mit seiner Frau Kathy auf Drängen und Zureden des PCA-Verantwortlichen *Terry Gyger* schließlich zu. Im Rückblick spricht Keller von der schwierigsten und

---

[63] The Constant Wanderer (Hrsg.). Tim Keller is my hero. 2006 URL: http://the constantwanderer.blogspot.de/2006/03/tim-keller-is-my-hero.html – Zugriff am 14.07.2014.

[64] Timothy J. Keller. *Resources for Deacons: Love Expressed through Mercy Ministries*. Philadelphia: Christian Education and Publications, 1985.

zugleich besten Entscheidung seines Lebens. Die Professur am WTS verspricht für die Familie Keller eine gesicherte Zukunft, während eine Gemeindegründung eine größere Unsicherheit beinhaltet. Auch sorgt sich seine Familie um das Wohlergehen ihrer unbändigen Söhne. Enge Verwandte befürchten, dass diese innerhalb kürzester Zeit in kriminelle New Yorker Gangs verstrickt sein werden. Aufgrund der industriellen Neustrukturierung hat New York damals mit ökonomischen Problemen und steigenden Kriminalitätsraten zu kämpfen, weshalb die Stadt eine Auswanderungswelle vom Bildungsbürgertum verzeichnet. Trotz all dieser Faktoren zieht die Familie im Juni 1989 nach New York und beginnt mit der Gemeindegründung, die Tim Keller seit zwei Jahren vorbereitet. Diese Gemeindegründung wird zu der heute weltweit bekannten und in vieler Hinsicht beispielhaften *Redeemer Presbyterian Church* mit ungefähr 6000 Mitgliedern und Besuchern, die seither weltweit an der Gründung von knapp 500 Gemeinden in Metropolen beteiligt ist.

Einflüsse und Vorbilder

In seinem Buch *The Reason For God* schreibt Keller in der Danksagung:

> „Dank schulde ich den drei Menschen, die meinen christlichen Glauben fundamental geprägt haben. Diese sind, in entsprechender Reihenfolge, meine Frau Kathy, der britische Autor C. S. Lewis und der amerikanische Theologe Jonathan Edwards."[65]

Der Einfluss von Kathy Keller scheint maßgeblich zu sein. Kathy Keller wird Christ, nachdem sie als Kind *Die Chroniken von Narnia* von C. S. Lewis liest. Sie schreibt Lewis mehrere Briefe, deren Antworten in dem posthum veröffentlichten *Letters To Children*[66] nachgelesen werden können. In einem Gespräch mit Piper über C. S. Lewis und Kathys beschreibt Keller seine Frau untertreibend als eine „*nicht passive Person*".[67] Kathy studiert ebenfalls Theologie am GCTS, um Pastorin zu werden. Während des Studiums kommt sie allerdings zu der Erkenntnis, dass die Frauenordi-

---

[65]   Timothy J. Keller. *The Reason for God: Belief in an Age of Skepticism*, a.a.O. Fn. 16, S. 241.

[66]   C. S. Lewis; Lyle W. Dorsett/Marjorie Lamp Mead (Hrsg.). *Letters To Children*. New York: Macmillan, 1985.

[67]   Jonathan Parnell; Desiring God (Hrsg.). *Would We Have Been Friends? Keller and Piper on Lewis*. 2013 URL: http://www.desiringgod.org/blog/posts/would-we-have-been-friends-keller-andpiper-on-lewis – Zugriff am 28.07.2014.

nation unbiblisch ist. Ein Artikel kommentiert hierzu, dass sie auch ohne Ordination genug Einfluss inne hat.[68] Scot Sherman, ein RPC Veteran seit 1989, kann sich die beiden nicht getrennt vorstellen und fügt im selben Artikel als Kompliment hinzu, dass „Kathys Fingerabdrücke überall auf Tim Kellers Gehirn" zu finden sind. Es ist bezeichnend, dass Keller sie stets als Gründungsmitglied der RPC anführt und nicht im leisesten den Anschein erweckt, als sei sie als familiärer Anhang mit nach New York umgesiedelt. An vielen Stellen, wie bezüglich der Einsetzung von Diakoninnen[69], ist Kathy Keller an der jeweiligen Philosophie für den Gemeindebetrieb beteiligt. Schon zu Zeiten von Kellers Professur am WTS arbeitet sie als Redakteurin in dem christlichen Verlag Great Commission Publishing. Bei der Gründung der RPC konzentriert sie sich auf den Kommunikationsbereich der Gemeindearbeit und ist heute sowohl Redakteurin als auch Assistenzdirektorin für Kommunikation und Medien.

Ebenso wie Piper nennt Keller Lewis und Edwards als wesentliche Einflüsse seines Denkens und Glaubens. Lewis schätzen beide für seinen scharfen Verstand und gleichzeitig seine brillianten und fantasiereichen Ideen beim Darlegen christlicher Wahrheiten. Da Lewis die Puritaner zwar respektiert, aber keinerlei Sympathien für deren reformierte Theologie aufweist, ist sein Einfluss auf Keller und Piper nicht theologischer Natur. Vielmehr verehren beide Lewis' Kombination von Emotionen und Vernunft, sowie seine apologetisch-gewinnende Art für das Christentum einzutreten. Insbesondere bei Keller kommt dieser Einfluss stark zum Ausdruck.

So gibt Keller unumwunden zu, dass sein pausenloses und wiederholtes Lesen aller Werke von Lewis dazu führt, dass er sich Zitate sowie Gedankenmuster von Lewis zu eigen gemacht hat und so „die Worte von Lewis" in nahezu jedem Kapitel seiner Bücher oder in jeder seiner Predigten zu finden sind. Die Nähe zu Lewis ist sicherlich auch biographischer Natur, da es vor allem Lewis' Werke sind, welche die Fragen, Zweifel und Bedenken Kellers als junger Christ beantworten.[70] Den reformierten Unterbau seiner Theologie allerdings bezieht Keller, ebenso wie Piper, von Jonathan Edwards.

---

[68]   Tim Stafford; Christianity Today (Hrsg.). How Tim Keller Found Manhattan: The pastor of Redeemer Church is becoming an international figure because he's a local one. 2009 URL: http://www.christianitytoday.com/ct/2009/june/15.20.html?paging=off – Zugriff am 21.07.2014.

[69]   Kathy Keller. Jesus, Justice, and Gender Roles: A Case for Gender Roles in Ministry (Fresh Perspectives on Women in Ministry). Grand Rapids, Michigan: Zondervan, 2014.

[70]   Timothy J. Keller/Kathy Keller, a.a.O. Fn. 58, S. 74.

„Die Worte von Edwards erscheinen seltener, da er mehr zu der grundlegenden Struktur von dem beigetragen hat, was als meine Theologie bezeichnet werden kann. Dennoch stimmen die in diesem Buch dargelegten Gedanken von Lewis und Edwards auf erstaunliche Art und Weise überein und ergänzen sich."[71]

„Speziell von Lewis habe ich eine Menge über die Kommunikation mit anderen, insbesondere mit Skeptikern, gelernt. Theologisch ist mein Denken in der Tat von Edwards geprägt."[72]

Im Unterschied zu Piper ist Keller als rastloser Leser mit einer schnellen Auffassungsgabe bekannt, so dass sein Lesepensum zu jeder Phase seines Lebens außergewöhnlich hoch ist. Im Einklang damit empfiehlt Keller das Auseinandersetzen mit einer Vielfalt an Denkern.

„Hört, liest und studiert man einen Denker, wird man eine Kopie. Verbringt man viel Zeit damit, zwei Denker zu hören und lesen, kommt man durcheinander. Weitet man sein Lesen und Hören auf zehn Denker aus, beginnt man eine eigene Stimme zu entwickeln. Wenn man nun 200 oder 300 Denkern zuhört und ihre Werke liest, wird man weise und hat seine eigene Stimme entwickelt. Die ersten beiden allerdings, die einen zu Beginn verwirrt haben, bleiben immer besonders im Gedächtnis."[73]

Entsprechend diesem Zitat ist daher an dieser Stelle festzuhalten, dass die weiteren Einflüsse Kellers enorm zahlreich sind und eine Aufzählung den Rahmen sprengen würde. Dennoch sollen an dieser Stelle die Hauptquellen seiner Inspiration und eigenen Herangehensweise genannt werden. Dabei sei auch auf das Kapitel 3 verwiesen, da viele der genannten Personen einen Beitrag zu Kellers Wirken geleistet haben.

Eine einflussreiche Person im Leben Tim Kellers[74] ist der Theologe und Professor Edmund P. Clowney zu nennen, der in Kellers Leben fast so

---

[71] Timothy J. Keller. *The Reason for God: Belief in an Age of Skepticism*, a.a.O. Fn. 16, S. 241.

[72] Laurence O'Donnell; The Bavinck Institute (Hrsg.). *Tim Keller on Kuyper's and Bavinck's Influence.* 2011 URL: https://bavinckinstitute.org/2011/07/tim-keller-on-kuypers-and-bavincksinfluence/ – Zugriff am 29.07.2014.

[73] Timothy J. Keller; The Resurgence: A Ministry Of Mars Hill Church (Hrsg.). *Doing Justice.* 2006 URL: http://theresurgence.com/2006/07/18/doing-justice-audio – Zugriff am 29.07.2014.

[74] Eine Liste der für Keller prägenden Bücher findet sich in Timothy J. Keller; Barnard Rosario (Hrsg.). *Books that 'confused' Timothy Keller.* 2011 URL: http://thrownscabbard.blogspot.de/2011/11/books-that-confused-timothy-kell er.html – Zugriff am 31.07.2014.

etwas wie einen beständigen Mentor abgibt.[75] Clowney ist von 1966-84 der erste Präsident des Westminster Theological Seminary und wirbt zeitlebens für Christus-zentriertes Predigen aus allen Teilen der Bibel. Während Keller 1970 als Student anfängt, bei InterVarsity mitzuwirken, korrespondiert er mit Clowney und lädt ihn als Gastsprecher zum Thema *„Der Christ und der absurde Mensch"* an die Universität ein. Keller spricht mit Clowney über seine Pläne, ein theologisches Seminar zu besuchen und Pastor zu werden. Clowney empfiehlt ihm einige gute Seminare, drängt ihn aber weder in die reformierte Richtung noch an das presbyterianische WTS. Tim und Kathy begegnen ihm in den folgenden Jahren mehrmals am GCTS und behalten ihn jedes Mal und vor allem in den Vorlesungen über Christus-zentriertes Predigen in sehr guter Erinnerung. Dieser Christus-zentrierter Ansatz ist eine der Zutaten für Kellers späteren Dienst in New York City. Als Keller seine Doktorarbeit 1981 am WTS beginnt, nehmen die Berührungspunkte zu. Zwar verlässt Clowney das WTS in dem Jahr, als Keller seine Professur dort aufnimmt, aber beide halten den Kontakt. In den Jahren 1999 bis 2002 geben Keller und Clowney gemeinsam die Vorlesungsreihe *„Preaching Christ in a Postmodern World"*[76] am Reformed Theological Seminary (RTS) in Orlando, Florida. Seither ist es ein Merkmal von Keller, dass er aus jedem Abschnitt der Bibel Christus predigt und dies als wesentliches Merkmal einer christlichen Predigt betrachtet.[77]

Von seinem Doktorvater, dem Professor und Missiologen Harvie Conn übernimmt Keller die Ansichten über die Bedeutsamkeit von Städten in Gottes Heilsplan, die in Conns Magnum Opus *Urban Ministry*[78] dargelegt

---

[75]   Dennis E. Johnson et al.. *Heralds Of The King: Christ-Centered Sermons In The Tradition of Edmund P. Clowney*. Wheaton, Illinois: Crossway Books, 2009.

[76]   Edmund P. Clowney/Timothy J. Keller; Reformed Theological Seminary (Hrsg.). *Preaching Christ in a Postmodern World*. 2000 URL: https://itunes.apple.com/us/ itunes-u/preaching-christ-inpostmodern/id378879885?mt=10 – Zugriff am 21.07.2015.

[77]   Dies ist keine Pedanterie, sondern es steht der Gnadenfokus auf dem Spiel, der das Christentum von allen anderen Weltanschauungen unterscheidet. Für Keller gibt es immer den Dreischritt: (1) Das ist es, was du nach Gottes Maßstäben tun musst. (2) Allerdings wirst du das niemals schaffen. (3) Aber es gab jemanden, der es für dich geschafft hat. Echte Veränderung, die also per Definition nicht behavioristisch ist, kann nur Folge von einem tiefen Verinnerlichen davon sein, dass Christus stellvertretend Gottes eigene Ansprüche erfüllt und uns zurechnet. Darauf legt Keller größten Wert, weil die Alternative das Heranzüchten einer religiösen Gesetzlichkeit ist.

[78]   Harvie M. Conn/Manuel Ortiz. *Urban Ministry: The Kingdom, The City & The People Of God*. Downers Grove, Illinois: IVP Academic, 2001.

sind. Ebenso lernt er von Conn die Wichtigkeit von Barmherzigkeits-diensten als Element von christlicher Kirche, über die Keller in seiner Abschlussarbeit schreibt.[79] Dies bildet das Fundament für Kellers Über-zeugung, dass Wort und Tat im Wirken einer Kirche nicht gegeneinander ausgespielt werden dürfen, sondern sich ergänzen müssen. Beides sind wichtige Elemente von Kellers Vision für Kirche und finden ihre Dar-legung und Verteidigung auch in seinem eigenen Buch *Center Church*[80].

Von der Trinität abgeleiteter normativer (Vater), situativer (Sohn) und existenzieller (Geist) Aspekt im Triperspektivismus.

Van Tils bekannter Schüler John M. Frame und sein Kollege Vern S. Poythress sind ebenso wie Conn aus dem Umfeld Kellers am WTS. Gemeinsam entwickeln sie den *Multiperspektivismus* oder auch *Triperspek-tivismus*[81] und etablieren die biblische Gültigkeit von mehreren Perspek-tiven der Schriftauslegung.[82] Dieses epistemologische Grundkonzept, dass alle Erkenntnis trinitarisch ist und stets drei Aspekte besitzt: normativ,

---

[79] Hierbei spielt auch Richard Lovelace eine Rolle, in dessen Vorlesung am GCTS Keller von Barmherzigkeitsdiensten als ein Merkmal für Erweckung hörte. Vgl. Richard Lovelace. *Dynamics of Spiritual Life: An Evangelical Theology of Renewal*. Downers Grove, Illinois: InterVarsity Press, 1979.

[80] Timothy J. Keller. *Center Church: Doing Balanced, Gospel-Centered Ministry in Your City*. Grand Rapids, Michigan: Zondervan and Redeemer City To City, 2012.

[81] John M. Frame. *A Primer On Perspectivalism. Homepage of Vern S. Poythress and John M. Frame*, 2007 URL: http://www.frame-poythress.org/a-primer-on-perspectiva lism/ – Zugriff am 18.07.2014.

[82] Vern S. Poythress. *Symphonic Theology: The Validity Of Multiple Perspectives in Theol-ogy*. Phillipsburg: P&R Publishing, 1987. In seiner Systematischen Theologie gibt Frame zahllose Beispiele und Anwendungen hierfür. John M. Frame. *Systematic Theology: An Introduction To Christian Belief*. Phillipsburg: P&R Publishing, 2013.

situativ und existenziell,[83] greift Keller bei allen Facetten seines Dienstes auf. Vor allem im Bereich Homiletik und der generellen Ausrichtung der RPC ist dies, wie im weiteren Verlauf der Arbeit deutlich wird, ein enorm prägendes Konzept (siehe dazu auch. S. 54f).[84]

Am GCTS studiert Keller unter dem Schweizer Theologen Roger Nicole, der seine Studenten die Werke des Neo-Calvinisten Herman Bavinck lesen lässt. Nicht nur die Ausgewogenheit und nuancierte Sorgfalt beeindruckt Keller. Vor allem Bavincks grundlegende Betonung der allgemeinen Gnade, welche die Natur trotz der gefallenen Menschheit erhält, ist für Keller eine nachhaltige Offenbarung, die seine Sicht auf die Kirche und die Welt enorm prägt.[85] Bavinck hebt die Bedeutsamkeit der Schöpfung und der menschlichen Kultur als gute Gaben Gottes hervor. Diese bilden nicht nur die Arena seiner erlösenden Tätigkeit, sondern sind auch selbst der Erlösung unterworfen. Dieser Kontrapunkt zur Weltflucht schlägt sich in der Vision von Redeemer nieder:

„Viele christliche Traditionen betrachten Heiligung als eine Reise aus der natürlichen Welt heraus in die geistliche, welche dann nichts mehr mit dem gewöhnlichen Leben und der Berufung in diesem Leben zu tun hat. Um dieser Tendenz entgegenzuwirken, fragen wir uns bei Redeemer: Wie wirkt sich dein Glaube auf deine Arbeit aus?. Dies ist sehr entscheidend in der Nachfolge Christi. Für die meisten evangelikalen Kirchen in Amerika bedeutet Jüngerschaft, die gläubigen Christen aus der Welt zu entfernen und in die Kirche zu bringen. Jüngerschaft beinhaltet, wie wir die Bibel studieren, wie wir Bibelkreise leiten, wie wir beten, evangelisieren, Versuchungen überwinden, vergeben und Beziehungen mit anderen bauen, Gemeinschaft mit anderen Gläubigen leben, in der Gemeinde mitzuarbeiten. Und all dies ist wichtig. Aber gleichzeitig bietet es keine Hilfe dabei, ein erkennbar christliches Leben in der Gesellschaft, der Arbeit, den Künsten und Medien, im freien Wirtschaftsmarkt, etc. zu leben."[86]

---

[83]   John M. Frame. *The Doctrine Of The Knowledge Of God: A Theology Of Lordship*. Phillipsburg: P&R Publishing, 1987.

[84]   Timothy J. Keller; Reformed Theological Seminary, Doctor of Ministry Program (Hrsg.). *Preaching the Gospel in a Post-Modern World*. 2002 URL: https://simeon.org/cst/media/doc-tkellerpreachingsyllabus.pdf.

[85]   Dabei greift Bavinck das durch die Reformation bekannte Konzept auf, rehabilitiert den Stellenwert der allgemeinen Gnade und entwickelt es weiter. Eine fundierte Darlegung der allgemeinen Gnade findet sich erstmals in Johannes Calvin. Institutio Christianae Religionis: Unterricht in der christlichen Religion. Neukirchen: Neukirchener, ⁶1997.

[86]   Laurence O'Donnell; The Bavinck Institute (Hrsg.), a.a.O. Fn. 71.

Wie Abraham Kuyper hält Keller an einer Antithese, einem dualistischen Gegensatz zwischen Glauben und Unglauben, fest. Gleichzeitig ist Keller nicht unkritisch, wenn er Aspekte von Traditionen sowie Ideen einzelner Personen anhand des biblischen Schriftbefundes prüft. So bemängelt er, dass viele Kirchen der kuyperischen Tradition zwar die christliche Weltanschauung betonen, allerdings geistliche Pietät und Evangelisation vernachlässigen. Der Umgang mit diesen zwei Theologen ist typisch für Keller und seinem Streben nach gesunder Ausgewogenheit.

Francis Schaeffer, Cornelius Van Til und Alvin Plantinga sind weitere Größen des Neo-Calvinismus, die von Kuyper beeinflusst sind und vor allem durch die *voraussetzungsbewusste Apologetik* ihrerseits Keller prägen. Diese auch unter dem Fachterm *„präsuppositionale Apologetik"* bekannte Form wird oft als *„weich-dekonstruktive Apologetik"* kategorisiert.[87]

Bezogen auf Kellers Predigtstil sind eine Reihe von Faktoren zu nennen, die ein Konglomerat produzieren. Gerade für seine Predigten in New York orientiert sich Keller seit der Gründung mehr an englischen Predigern, weil das säkulare Umfeld New Yorks wesentlich mehr Ähnlichkeit zu den europäischen Ländern aufweist als mit dem Rest der Vereinigten Staaten. So hört Keller beim morgendlichen Joggen für lange Zeit sämtliche Predigten von Lloyd-Jones. Dabei steht eher Lloyd-Jones' Herangehensweise als sein Stil im Vordergrund. Ähnlichkeiten zwischen Lloyd-Jones und Kellers Predigten sucht man vergeblich. Ein weiterer englischer Prediger, dessen Einfluss Keller benennt, ist der emeritierte Anglikaner Dick Lucas. Fairerweise muss man aber zugeben, dass Keller ein ziemlich eigenständiges Modell zu predigen aus all den genannten Einflüssen entwickelt hat, das *„Christ-centered, Tri-Perspectival Preaching Model"*[88] (vgl. S. 53).

Die Puritaner bilden für Keller einen enormen Einfluss auf seine Sicht und Methodik der Seelsorge.[89] Hier sind insbesondere Richard Baxter, Thomas Brooks und Richard Sibbes zu benennen. Dazu kommen Zeitgenossen von CCEF wie David Powlison oder Paul Tripp. C. John Miller ist ein weiterer Mentor Kellers am WTS und schärft den Gnadenfokus auch

---

[87] Keller unterscheidet generell vier Arten von Apologetik: (a) Hart-konstruktive Apologetik (Lee Strobel, Alpha-Kurs), (b) Weich-konstruktive Apologetik (Francis Schaeffer, C. S. Lewis), (c) Weich-dekonstruktive Apologetik (Alvin Plantinga), (d) Narrative Apologetik (Anne Winner, Donald Miller, Debra Rienstra).

[88] Edmund P. Clowney/Timothy J. Keller; Reformed Theological Seminary (Hrsg.), a.a.O. Fn. 75, S. 13.

[89] Timothy J. Keller; Christian Counseling & Educational Foundation (Hrsg.). *Puritan Resources for Biblical Counseling.* 2010 URL: http://www.ccef.org/puritan-resources-biblical-counseling – Zugriff am 29.07.2014.

für die Seelsorge. Miller betont sehr stark den Aspekt der Sohnschaft und Adoption des Christen, was die Grundlage seines „Sonship"-Kurses bildet. Jede echte Veränderung ist eine Konsequenz der Identität als angenommenes Kind Gottes. Neben C. S. Lewis mit seinen *Die Chroniken von Narnia* sind beide Kellers immens von J.R.R. Tolkiens Saga *Der Herr der Ringe* geprägt. Ein naher Bekannter erinnert sich:

> „Beide waren Nerds, die Tolkien lasen und wahrscheinlich mehr Elbisch konnten, als sie es andere wissen lassen wollten."[90]

Tim Keller schreibt über den Einfluss der Werke Tolkiens auf sein geistliches Leben:

> „Tolkien hat zu meiner Vorstellungskraft beigetragen. Er war ein überzeugter Katholik und ich bin es nicht. Weil er allerdings seinen christlichen Glauben in die Erzählung, Belletristik und Literatur einbrachte und sein Verständnis vom Christentum in seinen Büchern mit Leben füllte, ist er eine Inspiration für mich, auch wenn sein Verständnis vom Christentum bestehend aus einem Verständnis von menschlicher Sünde, der Notwendigkeit von Gnade und der Notwendigkeit von Erlösung ziemlich einfach war. Und mit Inspiration meine ich folgendes: Er zeigte mir eine Möglichkeit, das Konzept von *Herrlichkeit* zu begreifen, das für mich anderenfalls schwer zu wertschätzen wäre. Herrlichkeit, Gewichtigkeit, Schönheit, Exzellenz, Brillanz, Rechtschaffenheit, all dies zeigt er in seinen imaginären Charakteren. Wenn mich die Leute fragen, wie oft ich den *Herrn der Ringe* gelesen habe, lautet die Antwort, dass ich nie aufgehört habe, darin zu lesen. Ich bin immer irgendwo mittendrin."[91]

Besonderheiten

Keller beschreibt seine Art zu kommunizieren als passend zum säkularen Kontext von New York. Mit seiner Selbstironie wirkt er selbst beim Predigen von herausfordernden, christlichen Lehren stets nahbar, versöhnlich und vermittelnd. Seine intellektuell anspruchsvollen und zugleich selbstreflektierten Predigten wirken einladend auf viele Gottesdienstbesucher. Ein New Yorker Journalist führt aus:

---

[90] Tim Stafford; Christianity Today (Hrsg.), a.a.O. Fn. 67.
[91] Timothy J. Keller; Desiring God (Hrsg.). *Discussion with Tim Keller.* 2010 URL: http://www.desiringgod.org/interviews/discussion-with-tim-keller-part-1 – Zugriff am 30.07.2014.

„Beobachtet man Dr. Kellers professorenhafte Pose auf der Bühne, begreift man schnell seine anziehende Wirkung. Obwohl er schwierige christliche Wahrheiten nicht meidet, klingt er dennoch anders als viele der schrillen, evagelikalen Stimmen der Öffentlichkeit."[92]

In allen dogmatischen Fragen[93], die nicht das Wesen und den Kern des christlichen Glaubens betreffen, gelingt Keller eine Ausgewogenheit und Balance, die seinesgleichen sucht. Eine gute Beschreibung dieser Eigenheit Kellers, die uns noch häufig begegnen wird und für die er auch kritisiert wird, stammt von ihm selbst, bezieht sich aber ursprünglich auf den Theologen Bavinck.

„Ich wurde tief beeindruckt von der Balance und Gründlichkeit von Bavincks Theologie, seiner Nuanciertheit. Er zeigte eine gesunde Pietät, war aber dennoch kein Pietist. Und seine Treue zur Bibel hielt ihn in einigen Fällen davon ab, traditionelle Standpunkte einzunehmen."[94]

Zu dieser Charakteristik hat sicherlich die Erkenntnis über die theologische Gültigkeit mehrerer Perspektiven von Frame und Poythress einen Beitrag geleistet, die mit ihrem *Triperspektivismus* den Unterbau bildet, wenn Keller seiner Wertschätzung und seinem Respekt über Christen anderer Denominationen Ausdruck verleiht.[95] Dies führt zum einen dazu, dass Keller ein unter verschiedensten Denominationen geschätzter und gern gehörter Gastsprecher ist. Zum anderen aber wird gerade dieses Grenzgängertum von stärker Konservativen der reformierten evangelikalen Christen scharf kritisiert.

Keller zitiert in seinen Predigten und Büchern aus einer breiten Menge verschiedener und widersprüchlich denkender Quellen.[96] Für seine Zielgruppe in Manhattan, NYC ist dies ein wichtiges Zeichen dafür,

---

[92] Michael Luo. *Preaching the Word and Quoting the Voice.* New York Times, 2006 URL: http://www.nytimes.com/2006/02/26/nyregion/26evangelist.html?ex=1298610 000&en=bd2c8ed6c62e68f5&ei=5088&partner=rssnyt&emc=rss&_r=0 – Zugriff am 31.07.2014.

[93] Dazu zählen z. B. Ansichten über Taufe, Geistesgaben, Eklesiologie, Eschatologie.

[94] Laurence O'Donnell; The Bavinck Institute (Hrsg.), a.a.O. Fn. 71.

[95] Rick Warren fasst dies so zusammen: „*It takes all kinds of churches to reach all kinds of people*" in Rick Warren; Daily Hope (Hrsg.). *It Takes All Kinds Of Churches.* 2011 URL: http://rickwarren.org/devotional/english/it-takes-all-kinds-of-churches – Zugriff am 31.07.2014.

[96] Man wird überrascht von Poeten, wie Kobayashi Issa aus dem 18. Jahrhundert, Philosophen wie Thomas Kuhn, Friedrich Nietzsche, Albert Camus, aber auch Pop-Kultur Ikonen wie Woody Allen oder Walt Disney Filmen.

dass Keller sich mit ihnen und ihren Denkeinflüssen auseinandersetzt und keine christliche Scheuklappen hat. Es ist überflüssig zu erwähnen, dass seine Zuhörer in der Lage sind, intellektuell zu erfassen, dass ein Zitat nicht mit einer pauschalen Unterstützung der kompletten Weltanschauung der zitierten Person gleichzusetzen ist. Dies ist eigentlich eine unmittelbar zwingende Konsequenz, da widersprüchliche Aussagen von Bibelautoren, Atheisten, Marxisten, Nihilisten, Sozialwissenschaftlern, Hollywood-Stars und Filmcharakteren in einer Reihe zitiert werden, und zwar in einer Art und Weise, welche die biblische Argumentation stärkt und untermauert. Auf die Frage, ob er Aussagen anderer Religionen in seine Predigten einbaue, antwortet Keller folgendermaßen:

> „Es stimmt, dass ich auf verschiedendste Quellen verweise und diese zitiere. Als Paulus auf dem Areopag zu Philosophen predigte, zitierte er griechische Philosophen. Sprach er zu den Heiden, so zitierte er heidnische Philosophen, und das ist nicht dasselbe, wie heidnische Elemente in seine Botschaft einzubauen. Dementsprechend würde ich nicht sagen, dass ich Aussagen anderer Religionen einbaue, sondern vielmehr aus ihnen zitiere, auf sie verweise, sie wertschätze, sie in vielen Fällen der Klarheit halber mit dem Christentum vergleiche, sie nicht fertigmache, aber auch nicht Erkenntnisse von ihnen in meine Botschaft einbaue."[97]

Es ist interessant zu beobachten, dass Keller anders als Piper sich nicht zu jeder lehrmäßigen Nuance oder Neuheit äußert. Auf gewisse Art ist dies auch eine Aussage, die deutlich macht, dass es Keller kein Anliegen ist, zur Fülle theologischer Fragen als Antwortgeber zu fungieren. Aus Bemerkungen von ihm darüber, dass es für Nichtchristen sehr unattraktiv wirkt, die Christenheit in immer kleinere und spezialisiertere Einheiten fragmentiert zu sehen, kann geschlossen werden, dass dies ein Hauptgrund ist, weshalb er sich nicht öffentlich äußert oder an Debatten beteiligt. Damit teilt er die Sicht von C.S. Lewis in seinem Buch „Mere Christianity", der zu denominellem Schubladendenken schrieb:

> „Die Diskussion der umstrittenen Punkte hat keinerlei Tendenz, einen Außenseiter in die christliche Gemeinde zu führen. Viel wahrscheinlicher ist es, dass unsere Ausführungen zu diesen Dingen ihn von jeglicher christlichen Gemeinschaft abschrecken werden, als ihn für unsere eigene zu gewinnen. Unsere Spaltungen sollten ausschließlich in der Gegenwart

---

[97] Timothy J. Keller; Big Think: Smarter, Faster (Hrsg.). *Tim Keller on His Influences.* 2009 URL: http://bigthink.com/videos/tim-keller-on-his-influences – Zugriff am 01.08.2014.

jener diskutiert werden, die schon glauben, dass es nur einen Gott gibt und dass Jesus Christus sein einziger Sohn ist."[98]

Allerdings heißt dies nicht, dass Keller keine Position bezieht, wenn er direkt angesprochen wird oder der Predigttext es bedarf. Man könnte es so ausdrücken, dass Keller nur insofern Grenzen zieht, wie es unbedingt nötig ist, und diese Grenzen dann auch stets sehr respektvoll und versöhnlich kommuniziert.

Weiter scheut Keller Schubladen wie „evangelikal", die zwar häufig verwendet werden, um theologisch konservative, bibeltreue Protestanten wie ihn zu beschreiben, gleichzeitig aber auch – besonders in den USA – politische Assoziationen beinhalten. Gerade um zu verdeutlichen, dass das Evangelium keine politische Orientierung, sondern eine vollständig andere Kategorie darstellt, meidet es Keller, der politischen Rechten oder Linken zugeordnet zu werden.[99] Er bevorzugt statt dessen den Ausdruck „orthodox" als Sammelbezeichnung zur Betonung von persönlicher Bekehrung, der Wiedergeburt und der vollen Autorität der Bibel.

Diese Herangehensweise und Eigenheiten werden in Kapitel 7 analysiert. Die Früchte dieser Methodik allerdings sieht man daran, dass Keller im Gegensatz zu Piper auch von säkularen Institutionen wie Google oder Universitäten wie Oxford und Berkley positiv wahrgenommen und zu Vorträgen über den christlichen Glauben eingeladen wird.[100]

Tim Keller ist nur soviel in den Medien vertreten, wie es unbedingt erforderlich ist. Sein Privatleben, Details aus seiner Kindheit und Familie, dringen kaum an die Öffentlichkeit. Vermutlich entspricht dies seinem Charakter, hält er sich doch auch mehr im Hintergrund als Piper, von dem wesentlich mehr Privates auf Desiring God nachgelesen werden kann.

---

[98]   C. S. Lewis. Mere Christianity. London: Harper Collins, 1952, S.viii.

[99]   Interessant ist ein New York Times Artikel aus dem Jahre 1998, der Redeemer ins Lager der evangelikalen Republikaner rückte. Die Kellers schrieben eine Richtigstellung, die ebenfalls abgedruckt wurde, und widersprachen darin der Darstellung des Journalisten.Edward Lewine; The New York Times (Hrsg.). Making New Christians. 1998 URL: http://www.nytimes.com/1998/01/25/nyregion/making-new-christians.html – Zugriff am 04.01.2018; Timothy/Kathy Keller; The New York Times (Hrsg.). Redeemer Church Rejects The 'Hard-Line' Label. 1998 URL: http://www.nytimes.com/1998/02/15/nyregion/l-redeemer-church-rejects-the-hard-line-label-580457.html – Zugriff am 04.01.2018.

[100] Zur Veröffentlichung von „The Reason for God" (2008) und von „The Meaning of Marriage" (2011) war Keller bei „Authors@Google" eingeladen. Vodcasts seiner Reden sind bei YouTube zu finden.

Trotz der weltweiten Bekanntheit durch die Internet-Globalisierung, die es Menschen überall auf dem Globus ermöglicht, Predigten von Keller oder Piper herunterzuladen und anzuhören, muss die Zielgruppe beider Pastoren im Blick behalten werden. Hier agiert Keller primär im Interesse von Manhatten, NYC und seinem Wunsch, dass dort der christliche Glaube verbreitet wird.

Leiden

Im Jahr 2002 wurde bei Keller Schilddrüsenkrebs diagnostiziert. Parallel dazu entwickelte sich bei seiner Frau Kathy eine akute Morbus Crohn Erkrankung und beide mussten in diesem Jahr operativ behandelt werden. Auf empathische Art und Weise schreibt Keller einige Jahre später über den Umgang mit Leid als Christ.[101] Seine Ausführungen sind so menschlich und hilfreich, dass die seit 47 Jahren an den Rollstuhl gefesselte Joni Eareckson Tada in ihrer Rezension trotz ihrer Skepsis bezogen auf Bücher über Leiden erklärt, wieso sie sogar für ihre Freunde einen Stapel dieses Buches besorgt hat:

„Ich will erklären, was an diesem Buch anders ist: Es ist die Art und Weise, wie Keller keinen theologischen, philosophischen und persönlichen Stein unumgedreht lässt. (...) Keller schafft es, die Hände derjenigen, die verletzt durchs Leben gehen, zu nehmen und sanft in die des Retters zu legen. *Walking with God through Pain and Suffering* könnte das umfassendste gegenwärtige Buch zu diesem Thema sein. (...) Tim Keller legt uns und der Welt ausgezeichnet dar, dass Jesus absolut vertrauenswürdig ist."[102]

---

[101] Timothy J. Keller. *Walking with God through Pain and Suffering*. New York City: Penguine Group – Dutton Adult, 2013.

[102] Joni Eareckson Tada; The Gospel Coalition (Hrsg.). *Book Review: Walking with God through Pain and Suffering*. 2014 URL: http://legacy.thegospelcoalition.org/bookreviews/review/walking_with_god_through_pain_and_suffering – Zugriff am 06.08.2014.

	John Piper	Timothy Keller
Geburt	Tennessee 11.01.1946	Pennsylvania 23.09.1950
Familienkonfession	Baptist Evangelikal	Lutheraner evangelisch
Ehefrau	Noël Piper	Kathy Keller
Ausbildung	Wheaton College Fuller Theological Seminary Ludwig-Maximilians Universität	Bucknell University Gordon-Conwell Theological Seminary Westminster Theological Seminary
Prägende Mentoren	Bill Piper Daniel Fuller	Edmund Clowney Harvie Conn
Akademischer Abschluss	Doktor der Theologie (Th.D.)	Doctor of Ministry (D.Min.)
Thematik der Arbeit	Feindesliebe Jesu	Barmherzigkeitsdienste
Professur	Bethel University	Westminster Theological Seminary
Pastorat	Bethlehem Baptist Church	West-Hopewell Presbyterian Church
Pastor-Gelehrter-Spannung	Pastor als Gelehrter	Gelehrter als Pastor
Neugründung	Desiring God	Redeemer Presbyterian Church City To City Network
Denomination	Baptist	Presbyterianer

Prägende Autoren	Jonathan Edwards C. S. Lewis John Owen weitere Puritaner	C. S. Lewis Jonathan Edwards H. Bavinck & A. Kuyper John Frame & Vern Poythress
Lektüre	primär christlich langsamer Leser	christlich und säkular schneller Leser
Sphären des Einflusses	primär christlich	christlich und säkular
Verlag für Bücher	christlich	säkular
Persönlichkeit	konfrontativ-kompromisslos	friedliebend-vermittelnd

Zusammenfassung und Übersicht der Werdegänge von Piper und Keller

3 Theologie

Gegenstand dieses Kapitels ist eine Gegenüberstellung der Theologien[103] von Keller und Piper. Zuvor wird jedoch auf den historischen Kontext der *New Calvinism* Bewegung näher eingegangen. Die bereits in Kapitel 2 erörterten Nuancen dieser Bewegung werden vorausgesetzt. Eine tabellarische Übersicht findet sich am Ende des Kapitels (S. 60).

Historischer Kontext

Wie J. I. Packer im Vorwort zur Systematischen Theologie von John Frame perfekt formuliert, handelt es sich bei der reformierten Theologie um eine *„umfassende, tiefgehende Verkörperung universeller, christlicher Wahrheiten"*.[104] Packer fährt fort:

„Die zentrale Quelle ihrer verschiedenen Spielarten wurde von Johannes Calvins katechetischer Abhandlung für Prediger und erwachsene Gläubige gebildet, nämlich der fünften und endgültigen Auflage seiner *Institutio*, in welcher der von Martin Luthers biblischen Ausgrabungen aufgedeckte Reichtum an Wahrheiten für alle Zeiten konsolidiert ist. Seitdem haben drei Teile der Welt bedeutsame Beiträge zu dem reformierten Erbe geleistet, von der jede ihre eigenen Konflikte und Loyalitäten erzeugte. In England konnte im 16. und 17. Jahrhundert die puritanische Entwicklung von William Perkins bis zu John Owen beobachtet werden, die das Leben in Christus im und durch den Heiligen Geist betonten; das 19. Jahrhundert förderte in Holland die kuyperianische Theologie vom Menschen und der christlichen Kultur im Rahmen der reformierten Perspektive zu Tage; und das 20. Jahrhundert wurde unter Denkern wie B. B. Warfield, Geerhardus Vos, J. Gresham Machen und Cornelius Van Til innerhalb der konservativen, presbyterianischen Welt, Zeuge eines fortwährenden Bestrebens für reformierte, methodologische Authentizität."[105]

---

[103] Die jeweiligen Glaubensbekenntnisse sind nachzulesen in Desiring God Foundation (Hrsg.). *Our Beliefs*. 2015 URL: http://www.desiringgod.org/about/distincti ves/beliefs – Zugriff am 17.07.2015; Pastors-Elders at BBC; Bethlehem Baptist Church (Hrsg.). *Our Beliefs*. 2015 URL: http://www.hopeingod.org/about-us/who-we-are/our-beliefs – Zugriff am 17.07.2015 und Timothy J. Keller; Redeemer Presbyterian Church (Hrsg.). *Vision and Values*. 2015 URL: http://redeemer.com/learn/about_us/vision_and_values/ – Zugriff am 18.07.2015.

[104] John M. Frame. *Systematic Theology: An Introduction To Christian Belief*, a.a.O. Fn. 81, S. xxvii.

[105] John M. Frame, a.a.O. Fn. 81.

Das Verinnerlichen dieser drei Strömungen in der reformierten Welt ist für diese Arbeit in mehrfacher Hinsicht hilfreich. Zum einen erlaubt es einen definierteren Blickwinkel auf die Bewegung und Struktur des *Neuen Calvinismus*, welche in ihrer Zusammensetzung heterogen und vielschichtig ist. Zum anderen werden Einflüsse und Traditionen von John Piper und Tim Keller vor dem Hintergrund dieser drei Strömungen wesentlich transparenter.

Neuer Calvinismus

Als Kontext für Piper und Keller ist der reformierte Zweig der evangelikalen Christenheit zu betrachten, insbesondere auch die Entwicklungen am Ende des 20. Jahrhunderts, die zur Bewegung des *New Calvinism* geführt haben. Diese Bewegung hat, wie schon eingangs erwähnt, auch die Aufmerksamkeit der Medien auf sich gezogen. Collin Hansen schrieb 2008 ein ganzes Buch über den NC[106], bei dem der Titel „*Young, restless, reformed*" programmatisch ist. Die *New York Times* schrieb im April 2014 „*Evangelikale befinden sich inmitten einer calvinistischen Erweckung*"[107]. Viele weitere Beispiele ließen sich aufzählen, welche die Bedeutsamkeit, Einfluss und Medienpräsenz des NC unterstreichen.

Wie der Name vermuten lässt, bezieht sich der NC auf die Reformatoren des historischen Protestantismus des 16. /17. Jahrhunderts wie *Ulrich Zwingli* (1484–1531), *Martin Bucer* (1491–1551) und nicht zuletzt auch *Johannes Calvin* (1509–1564). Verwurzelt in diese historischen Traditionen der reformierten Theologie werden vor allem die Gnadenlehren wiederentdeckt. Allerdings ist der NC keinesfalls eine einheitliche Bewegung, sondern beinhaltet verschiedene Nuancen. Dies ist durch die Verbundenheit der jeweiligen Protagonisten zu einer der drei reformierten Epochen zu erklären. So wird Piper aufgrund seiner Liebe für Puritaner wie John Owen oft als Neo-Puritaner bezeichnet, während Keller aufgrund seiner Wertschätzung von Bavinck und Kuyper das Etikett Neo-Calvinist trägt. Zwar sind diese Kategorisierungen zu simplifizierend, um die Positionen von Piper oder Keller akkurat wiedergeben zu können, dennoch tragen sie zum besseren Verständnis unserer Protagonisten bei.

---

[106]   Collin Hansen. *Young, Restless, Reformed: A Journalist's Journey with the New Calvinists*. Wheaton, Illinois: Crossway, 2008.

[107]   Mark Oppenheimer; New York Times (Hrsg.). *Evangelicals Find Themselves in the Midst of a Calvinist Revival*. 2014 URL: http://www.nytimes.com/2014/01/04/us/a-calvinist-revival-forevangelicals.html?_r=0 – Zugriff am 21.07.2014.

Für eine detailliertere Erörterung des NC wird auf einen Beitrag von Ron Kubsch im MBS Jahrbuch von 2013 verwiesen[108], eine kritische Auseinandersetzung liefert Tom Aiken[109].

3.1 Fundamente

Theologisch verbindet unsere beiden Protagonisten sehr viel. Sind doch beide Teil der „Gospel Coalition" und stehen damit gemeinsam hinter deren Vision und Glaubensbekenntnis.[110] So halten Keller und Piper ziemlich einheitlich an den grundlegenden Lehren des christlichen Glaubens fest, wie sie von Luther und Calvin in der protestantischen Reformation dargelegt wurden. Das umfasst u. a. ihr Schriftverständnis (Chicago Erklärung), ihr Gottesbild (Trinität), ihr Menschenbild (Schöpfung und Sündenfall), das Erlösungswerk Christi (Sühnopfer) und darin verwoben die Grundlagen der reformierten Theologie und speziell Soteriologie. Die historischen Glaubensbekenntnisse[111] bilden für beide Bezugspunkte ihrer theologischen Überzeugungen.

Beide Protagonisten vertreten ein komplementäres Rollenverständnis von Mann und Frau. Beide sind sich einig darin, dass eine Ordination von Frauen zu Pastoren und Ältesten dem biblischen Befund widerspricht. John Piper gibt zusammen mit Wayne Grudem ein Buch heraus und begründet das „Council on Biblical Manhood and Womanhood". Auch Keller formuliert: „Eine nicht-komplementäre Haltung zu Geschlechterrollen bedeutet eine unverbindlichere Haltung zur Schrift zu haben."[112] Beide sprechen sich

---

[108] Ron Kubsch. Neuer Calvinismus – Einblicke in eine junge reformierte Bewegung. In Jahrbuch des Martin Bucer Seminars – Schätze der Gnade. Band 13, Verlag für Kultur und Wissenschaft, 2013, 41–70.

[109] Tom Aicken; Free Reformed Church Langley (Hrsg.). The New Calvinism: A Critical Assessment. URL: http://www.freereformedchurchlangley.org/the-new-calvinism-a-criticalassessment – Zugriff am 24.07.2014.

[110] The Gospel Coalition (Hrsg.). Confessional Statement. 2015 URL: http://www.the gospelcoalition.org/about/foundation-documents/confessional-statement – Zugriff am 17.07.2015.

[111] Darunter sind das Apostolikum, das Nicänum, das Chalcedonense, Athanasianum, die Confessio Belgica, die Dordrechter Canones sowie der Heidelberger und der Westminster Katechismus.

[112] Timothy J. Keller; Krish Kandiah (Hrsg.). Why is TGC complementarian? 2013 URL: http://www.krishk.com/2013/01/tim-keller-women-and-ignoring-your-own-rules/ – Zugriff am 17.07.2015.

allerdings für eine öffentliche Einsetzung von Frauen in der Gemeinde als Diakone aus, um dem biblischen Befund gerecht zu werden.[113]

3.2 Nuancen und Unterschiede

Unterschiede finden sich entsprechend der abweichenden Denominationen in der Ekklesiologie, der Tauffrage und der Pneumatologie, wobei letzteres nicht zwingend von der Denomination abhängen muss. Erwartungsgemäß ist Pipers Kirche kongregationalistisch organisiert, während Kellers presbyterianisch strukturiert ist.

Taufe

Als Baptist hält Piper an der Glaubenstaufe (Credo-Baptist) fest, während Keller als Presbyterianer die Taufe als neutestamentliche Weiterführung der alttestamentlichen Beschneidung und damit als Bundeszeichen gläubiger Familien begreift und an der Taufe von Babys festhält (Paedo-Baptist).[114]

Geistesgaben

Im Bereich der Pneumatologie ist Piper ein Kontinualist und glaubt damit an ein uneingeschränktes Fortbestehen der Gaben des Geistes, sowohl der allgemeinen wie auch der speziellen.[115] In einem Interview erklärte Keller auf die Frage nach seinem Standpunkt zu Geistesgaben, dass er ein moderater Cessationist sei, nämlich nur zu 80%. Seiner Auffassung nach haben die Wunder zwar nicht aufgehört, doch viele der heutzutage berichteten Wunder seien nicht echt. Gleichzeitig gab er zu bedenken, dass Cessationisten häufig von Angst vor Glaubenserfahrungen geleitet

---

[113] Siehe Timothy J. Keller; By Faith Online (Hrsg.). *The Case for Commissioning (Not Ordaining) Deaconesses.* 2008 URL: http://byfaithonline.com/the-case-for-commissioning-notordaining-deaconesses/ – Zugriff am 17.07.2015 und John Piper. *Men and Women in the Deaconate and in the Service of Communion.* Desiring God, 1995 URL: http://www.desiringgod.org/articles/men-and-women-in-the-deaconate-and-in-the-service-of-communion – Zugriff am 17.07.2015

[114] Siehe dazu die erklärenden Ausführungen aus reformierter Perspektive in Thomas Schirrmacher. *Ethik.* Hamburg: RVB, 42009, Band 4, S. 230ff.

[115] Siehe dazu Wayne Grudem. *Biblische Dogmatik – Eine Einführung in die Systematische Theologie.* Hamburg: VKW, 2013, Kapitel 52/53 wie auch Donald A. Carson. *Showing The Spirit: A Theological Exposition of 1 Corinthians 12-14.* Grand Rapids, Michigan: Baker Academic, 1996.

werden, dies aber Erweckungen behindere. Mit seiner Meinung weiß er sich auch innerhalb der reformierten Bewegung durch ähnlich denkende Größen wie Lloyd-Jones oder Edwards nicht allein. Keller hat keine Vorbehalte, auf Konferenzen von Charismatikern zu predigen. Dabei ist er stets versöhnlich und zeigt durch Aussagen wie: *„Ich bin ein Presbyterianer, daher höre ich Gott nicht so häufig wie ihr!"* ein gesundes Maß an Selbstironie und Demut. Auch scheut er sich nicht, selber von ungewöhnlichen Glaubenserfahrungen aus seinem Leben zu berichten.[116]

Gesetz und Evangelium

In der Beziehung von Gesetz und Evangelium[117] zueinander nimmt Keller die klassisch reformierte Position der Bundestheologie nach dem Westminster Katechismus ein. Piper[118] steht zwischen der klassischen und der neuen Bundestheologie, was dadurch zu erklären ist, dass Pipers Mentor, Daniel Fuller, schon sehr früh eine abgewandelte Form der Bundestheologie, genannt *„Gospel of Grace Continuum"*, vertreten hat.[119] Fuller glaubte, dass der Mensch zu allen Heilszeiten einheitlich nur aus Gnade Erlösung finden konnte und kritisierte damit den *„Bund der Werke"* innerhalb der klassischen Bundestheologie. Da dies auch einer der Kritikpunkte der neuen Bundestheologie[120] ist, und da Piper als Credo-Baptist

---

[116] Siehe Adrian Warnock; Patheos (Hrsg.). *Tim Keller on the Charismatics.* 2013 URL: http://www.patheos.com/blogs/adrianwarnock/2013/11/tim-keller-on-the-charismatics/ – Zugriff am 17.07.2015 und Andy Ruddy; Refresh Resources (Hrsg.). *Tim Keller on Spiritual Gifts.* 2015 URL: http://www.refreshresources.com/2015/05/28/tim-keller-on-spiritual-gifts/ – Zugriff am 17.07.2015.

[117] Betrachtet man diese Beziehung von der Frage nach Kontinuität und Diskontinuität zwischen AT und NT her, betont die *„Bundestheologie"* sehr stark deren Kontinuität und der *„Dispensationalismus"* sehr stark deren Diskontinuität. Die jüngere *„Neue Bundestheologie"* nimmt in diesem Spektrum eine Zwischenposition ein. Sie wird wiederum von kritischen Stimmen als zu antinomistisch bezeichnet.

[118] Matt Perman; Desiring God (Hrsg.). *What does John Piper believe about dispensationalism, covenant theology, and new covenant theology?* 2006 URL: http://www.desiringgod.org/articles/whatdoes-john-piper-believe-about-dispensationalism-covenant-theology-and-new-covenanttheology – Zugriff am 17.07.2015.

[119] Daniel P. Fuller. *Gospel and Law: Contrast or Continuum - The Hermeneutics of Dispensationalism and Covenant Theology.* Grand Rapids, Michigan: Eerdmans Publishing Company, 1980.

[120] Eine Einführung in die *New Covenant Theology* findet sich in John G. Reisinger. *Abraham's Four Seeds: A Biblical Examination of the Presuppositions of Covenant Theology and Dispensationalism.* New CovenantMedia, 1998 URL: http://www.worldwithoutend.info/bbc/books/NC/abrahams_seed/toc.htm – Zugriff am 18.07.2015.

ohnehin die strikte Kontinuität der reformierten Bundestheologie aufbricht, ist seine Nähe zur neuen Bundestheologie verständlich.

Schöpfung

Bei der Frage nach der Schöpfungsgeschichte sieht man, dass sich sowohl Piper als auch Keller mit wissenschaftlichen Erkenntnissen und Theorien beschäftigen und versuchen, diese mit dem Schriftbefund in Einklang zu bringen.

Piper ist moderater Anhänger der *Gap Theorie*. Diese nimmt an, dass zwischen *Gen* 1,2 und *Gen* 1,3 ein nicht näher definierter, langer Zeitraum[121] existiert.[122] Somit findet die Erschaffung des Universums mit all seinen Galaxien und Planeten in *Gen* 1,1-2 statt.[123] Piper tendiert in Richtung einer alten Erde, hält an 24-Stunden-Tagen in der Schöpfungsgeschichte fest, vertritt einen historischen Adam und lehnt eine evolutionäre Erschaffung Adams ab. Auch weil dadurch die Kernaussage von Paulus in Bezug auf Christus in *Röm* 5 zusammenbrechen würde, wie Piper explizit ausführt.

Keller hat keine strikt festgelegte Position bezüglich der Schöpfungsfrage, sondern ist ein moderater Vertreter der *Theistischen Evolution* und glaubt damit, dass Gott einen Prozess der natürlichen Auslese gesteuert hat. Dabei hält er an der Historizität von Adam und dem Sündenfall fest, auch wenn dies für viele widersprüchlich erscheint.[124] Er verweist auf

---

[121] Dies ist allerdings an keiner Stelle der Bibel explizit, kann aber durch die Frage nach dem Zeitpunkt des Abfalls der Engel unter Luzifer und dessen Konsequenzen für die Schöpfung als mögliche Theorie impliziert werden. Damit kann von einer alten Erde ausgegangen werden, ohne die von vielen bibeltreuen favorisierten 24-Stunden-Tagen zu kompromittieren.

[122] John Piper. *Do You Accept Old Earth and Evolution?* Desiring God, 2010 URL: http://www.desiringgod.org/interviews/do-you-accept-old-earth-and-evolution – Zugriff am 18.07.2015.

[123] John H. Sailhamer. *Genesis Unbound – A Provocative New Look at the Creation Account.* Oregon: Multnomah Books, 1996.

[124] Eine detaillierte Darlegung seiner Position liefert Keller in folgendem Essay: Timothy J. Keller; The BioLogos Foundation (Hrsg.). *Creation, Evolution, and Christian Laypeople.* 2008 URL: http://biologos.org/uploads/projects/Keller_white_paper.pdf – Zugriff am 18.07.2015 und Frederika Oosterhoff; The Reformed Academic (Hrsg.). *Tim Keller on Evolution and the Bible.* 2010 URL: http://reformedacademic.blogspot.de/2010/03/tim-keller-on-evolution-and-bible.html – Zugriff am 20.07.2015.

eine Vielfalt an Positionen[125] von rechtgläubigen und bibeltreuen Theologen, von denen seiner Ansicht nach aber jede Auslegungstradition unüberwindbare Schwierigkeiten bei der Auslegung von *Gen 1* und *Gen 2* aufweise.

Beeinflusst ist Keller von seinem früheren Professor am WTS Meredith Kline, der eine Mischung aus theistischer Evolution und alter Erde, also einen progressiven Kreationismus vertrat, und maßgeblich an der *Framework Interpretation*[126] mitgewirkt hat. Keller wirbt um gegenseitige Toleranz und macht deutlich, dass für ihn die Schrift maßgebliche Autorität darstellt, dass aber gerade eine hohe Meinung der Schrift ihn dazu veranlasst, *Gen 1* als Poesie und nicht Prosa zu kategorisieren. Er betrachtet diese Debatte kritisch auch aus der Warte, dass Verfechter bestimmter Positionen ihre Auslegung als *„einzig wahre christliche Position zu Schöpfung und Evolution"* erheben und daraus eine Instanz der Rechtgläubigkeit kreieren. Desweiteren ist zu erwähnen, dass Keller ähnlich wie Piper in dieser Frage keinen isolierten Standpunkt einnimmt, sondern generell eine integrative Beziehung von Glauben und Wissenschaft anstrebt.[127] Dabei bezieht Keller sich auf das von Ian Barbour[128] gezeichnete Spektrum der vier Kategorien: *Konflikt, Dialog, Integration und Unabhängigkeit.*

Eschatologie

In einem Plenum[129] über verschiedene Auffassungen der Endzeit stellt Piper heraus, dass er sich als *„optimistischen Premillennialisten"* sieht. Er erklärt das Adjektiv mit der Erwartung, dass die Kirche zwar durch die Trübsalszeit gehen muss, bevor Christus wiederkommt, dass es sich aber

---

[125] Diese sind: *Young Earth Creationism, Theistic Evolution* und *Progressive Creationism.* Nicht vertretbar und daher ungenannt bleibt dabei die atheistische *Evolutionstheorie.*

[126] Eine Übersicht über die Hauptvertreter der Framework Interpretation findet sich in: Wikipedia (Hrsg.). Framework Interpretation of Genesis. 2017 URL: https://en.wikipedia.org/wiki/Framework_interpretation_(Genesis) – Zugriff am 01.12.2017.

[127] Timothy J. Keller. *The Reason for God: Belief in an Age of Skepticism,* a.a.O. Fn. 16, S. 92-95.

[128] Ian Barbour. *When Science Meets Religion: Enemies, Strangers, or Partners?* New York City: Harper, 2000.

[129] Jim Hamilton et al.. *An Evening Of Eschatology.* Desiring God 2009 Outside Event at Park Community Church, 2009 URL: http://www.desiringgod.org/conference-messages/an-eveningof-eschatology – Zugriff am 20.07.2015.

lohnen wird. Piper glaubt an ein wörtliches Millennium, ein 1000-jähriges Reich, in welchem die Kirche schon auf Erden regieren wird.[130]

Weniger Details sind über Kellers genaue Position zur Endzeit bekannt, äußert er sich doch in keinem seiner eigenen Bücher, Artikel, Skripte, Vorlesungen oder Predigten persönlich dazu. Dennoch wird er wie sein Vorbild Edwards von einigen zu den *Postmillennialisten* gezählt und von anderen wiederum zu den *optimistischen Amillennialisten*.[131] Zwar ist das keine gesicherte Information, doch würde beides[132] insgesamt zu Kellers Theologie und seinen Schwerpunkten passen. Wie an späterer Stelle ausgeführt wird (Kapitel 5, S. 65), beinhaltet die Vision seiner Kirche als starkes Element das Ziel, den Wunsch und die Erwartung, durch das Evangelium die Gesellschaft zum Positiven beeinflussen und verändern zu können. Das sind Konturen und Trajektorien, die sehr gut zu den optimistischen Grundzügen des Postmillennialismus passen.[133]

3.3   Eigenarten

Neben den erwartungsgemäßen Unterschieden gibt es allerdings auch Eigenarten von Piper und Keller, die in diesem Abschnitt betrachtet werden sollen.

Hermeneutik und Homiletik

Bei allen Gemeinsamkeiten und der hohen Loyalität zur Autorität der Schrift, haben Piper und Keller verschiedene hermeneutische Schwerpunkte und homiletische Tendenzen. Vermutlich am stärksten beeinflusst ist Piper im Bereich der Hermeneutik von seinem Professor und Mentor Fuller. Das macht sich vor allem in der Auslegungsmethodik bemerkbar, bei der Piper überzeugter Nutzer des von Fuller entwickelten

---

[130]   Matt Perman; Desiring God (Hrsg.). *What does John Piper believe about dispensationalism, covenant theology, and new covenant theology?*, a.a.O. Fn. 117.

[131]   Siehe dazu The Cripplegate (Hrsg.). *Eschatology 101 - Definitions.* 2013 URL: http://thecripplegate.com/eschatology-101-definitions/ – Zugriff am 20.07.2015; Monergism (Hrsg.). *Tim Keller Biography.* URL: http://www.monergism.com/the threshold/articles/bio/timkeller.html – Zugriff am 22.07.2015.

[132]   Eine Analyse, die zeigt, wie nah diese beiden Positionen beieinanderliegen, erbrachte Vern S. Poythress. *Currents within Amillennialism.* Presbyterion, 2000 URL: http://www.framepoythress.org/currents-within-amillennialism/ – Zugriff am 22.07.2015.

[133]   Für einen Vergleich von Endzeitmodellen siehe Thomas Schirrmacher. *Der Römerbrief.* Hamburg: RVB, ²2001, Band 2, Kapitel 11.

Bible Arcing ist.[134] Dabei wird der zu predigende Textabschnitt entsprechend der vorkommenden Satzstrukturen
mit Bögen versehen und anhand ihrer Präpositionen analysiert. Somit erschließt sich der Hauptpunkt des Textabschnittes durch eine schematische Betrachtung des entstandenen Bogendiagramms. Über Jahre nutzte Piper diese Diagramme als Grundlage seiner Predigtskripte und fertigte für die theologische Ausbildung auch eine Anleitung dafür an.[135] Durch das Arcing gewinnen die Predigten eine beeindruckende Tiefe, resultieren aber auch in einer tendenziell synchronen Lesart.[136]

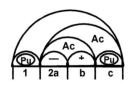

Arcing von Röm I 2, I-2

Weit über Eigenarten hinaus hat Tim Keller unumstritten einen neuen Predigtstil entwickelt, den er selber als das *Christ-centered, Triperspectival Model* bezeichnet.[137] In dem Modell spielt auch die *Präsuppositionale Apologetik*[138] in der Tradition von Cornelius Van Til eine wichtige Rolle.[139] Kann man bei Piper den Einfluss Fullers deutlich ausmachen, so ist Clowneys Betonung der biblischen Theologie beim Auslegen auf Keller übergegangen. Clowney hat seit seiner Wirkungszeit als Präsident des

---

[134] Bethlehem College and Seminary (Hrsg.). *Biblearc: Studienwerkzeuge für die Schrift.* 2014 URL: http://www.biblearc.com – Zugriff am 20.07.2015.

[135] John Piper. *Biblical Exegesis: Discovering The Meaning of Scriptural Texts.* Desiring God, 1999 URL: http://cdn.desiringgod.org/pdf/booklets/BTBX.pdf – Zugriff am 20.07.2015.

[136] Eine Betonung der systematischen Theologie kommt einer synchronen Lesart nahe, während eine Betonung der biblischen Theologie zu einer eher diachronen Lesart führt.

[137] Timothy J. Keller; Reformed Theological Seminary, Doctor of Ministry Program (Hrsg.). *Preaching the Gospel in a Post-Modern World,* a.a.O. Fn. 83, S. 13-20.

[138] Eine allgemeine Einführung bietet John M. Frame. Presuppositional Apologetics. Homepage of Vern S. Poythress and John M. Frame, 2012 URL: http://www.frame-poythress.org/presuppositionalapologetics/ – Zugriff am 22.07.2015.

[139] Eine ausführliche Analyse von Kellers präsuppositionaler Apologetik beim Predigen findet sich in Travis A. Freeman. *Preaching to Provoke a Worldview Change: Tim Keller's Use of Presuppositional Apologetics in Preaching.* Dissertation Southern Baptist Theological Seminary, 2012.

WTS die vernachlässigte Biblische Theologie zurück an die Seminare gebracht und als Schwerpunkt etabliert. Zusammen mit ähnlich denkenden Theologen wie Graeme Goldsworthy oder Sidyney Greidanus haben sie durch ihre Veröffentlichungen und ihr Wirken als Professoren an wichtigen theologischen Seminaren dazu beigetragen, dass die Bibel als einheitliche Metanarrative gepredigt werden sollte. Clowney hat maßgeblich die nächste Generation von bedeutsamen Theologen, wie John Frame, Dick Lucas, Dennis Johnson, Harvie Conn oder Bryan Chapell verändert. Wie schon erwähnt, war Clowney auch einer der Mentoren von Keller und hat ihn durch Vorbild, Rat und Lehre beeinflusst. An vielen Stellen betont Keller, dass seine Hermeneutik maßgeblich von der diachronen Lesart der Schrift geprägt ist, die zum einen stets den heilsgeschichtlichen Spannungsbogen sowie Christus als deren beständiges Hauptthema im Blick hat. Die Predigten von Clowney hat Keller stets bewundert und der christozentrischen Lesart des Alten Testaments nachgeeifert.[140] Die für Keller und die komplette Gemeindebewegung von Redeemer so zentrale Auslegung von *Lk 15* ist ursprünglich eine Auslegungspredigt von Clowney gewesen.[141]

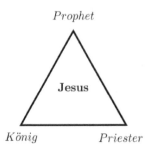

Als weiteres Element des Keller'schen Predigtmodells ist bereits der *Triperspektivismus* von Frame und Poythress (vgl. Kapitel 2.2, S. 34) genannt worden. Missverständnissen zum Trotz impliziert der Multiperspektivismus keinesfalls eine relativistische Haltung, in der je nach eingenommener Perspektive völlig unterschiedliche Auffassungen von

---

[140] Eine Auswahl seiner ehemaligen Studenten hat als Nachruf auf Clowney ein Buch veröffentlicht, das neben persönlichen Nachrufen auch Predigten im Geiste Clowneys beinhaltet Dennis E. Johnson et al., a.a.O. Fn. 74.

[141] Siehe Teil 19 der Vorlesungsaufnahmen „*The Parable of the Prodigal Son*" in Edmund P. Clowney/Timothy J. Keller; Reformed Theological Seminary (Hrsg.), a.a.O. Fn. 75. Clowneys Auslegung bildet die Grundlage von Timothy J. Keller. *The Prodigal God: Recovering the Heart of the Christian Faith.* New York City: Penguine Group – Dutton Adult, 2008.

Wahrheit gerechtfertigt werden. Ganz im Gegenteil vertritt er ein abso-
lutes Verständnis von Wahrheit und ist ein Ausdruck der Grenzen
menschlichen Wissens einerseits, und das Anerkennen von Gottes
ewigem und grenzenlosem Allwissen aller Perspektiven andererseits.
Dieser Ansatz lässt es beim Studium diverser Themenbereiche sinnvoll
erscheinen, diese jeweils aus normativer, situativer sowie existenzieller
Perspektive zu betrachten, um im Rahmen der menschlichen epistemo-
logischen Grenzen zu einem mögichst vollständigen Durchdringen ge-
langen zu können. Dabei bezeichnet die normative Perspektive Gottes
Offenbarung und seinen Maßstab für Wahrheit, wie auch seine Autorität
die Realität zu definieren. Die situative Perspektive beschäftigt sich mit
objektiven Fakten und Begebenheiten unserer Welt, während die existenzielle sich auf unsere subjektiven menschlichen Erfahrungen bezieht. Das
Zusammenspiel aller drei Perspektiven versteht Frame folgendermaßen:
Jeder Gegenstand wahrer menschlicher Erkenntnis ist eine Anwendung
von Gottes autoritativer Norm (normativ) auf eine Tatsache der Schöpfung (situativ), die von einer im Abbild Gottes geschaffenen Person
durchgeführt wird (existenziell).

Mit der Ausgewogenheit Bavincks (vgl. S. 35) evaluiert Keller selbst-
kritisch Gemeindebewegungen anhand der drei Ämter Christi, nämlich
Prophet (normativ), König (situativ) und Priester (existenziell). Seine
vermittelnde, friedliebende Art bei verschiedenen Lehrmeinungen befä-
higt ihn vielleicht in besonderem Maße, anderen evangelikalen Traditionen Positives abzugewinnen und auch bei seiner eigenen reformiert-
presbyterianischen Ausrichtung ein Ungleichgewicht zum Normativen zu
diagnostizieren:

„John Frames Triperspektivismus hilft mir dabei, *Willow Creek* zu verstehen.
Die Kirchen im Stile von Willow haben einen ‚königlichen' Schwerpunkt
auf Leiterschaft, strategischem Denken und weiser Administration. Die Gefahr hierbei ist, dass das Mechanische verdecken kann, wie organisch und
spontan das Gemeindeleben sein kann. Die reformierten Kirchen haben eine ‚prophetische' Betonung von Predigt und Lehre. Die Gefahr dabei ist,
dass wir naiv und unbiblisch davon ausgehen, dass durch treue und kor-
rekte Auslegung des Wortes alles andere in der Kirche, – wie Entwicklung
von neuen Leitern, Aufbau von Gemeinschaft, Verwalten von Ressourcen,
eine einheitliche Vision –, von selbst geschehen wird. Die emergenten Kirchen haben einen ‚priesterlichen' Schwerpunkt bezogen auf Gemeinschaft,
Liturgie und Sakramente, Dienst und Gerechtigkeit. Die Gefahr hierbei ist,
dass ‚Gemeinschaft' in derselben Weise als die magische Kugel betrachtet
wird, wie ‚Predigen' unter uns Reformierten. Indem ich das Modell Frames
anwende, kann ich die besten Vertreter von jeder dieser zeitgenössischen

evangelikalen ‚Traditionen' wertschätzen und lieben. Keiner stellt mehr praktische Hilfe beim Organisieren und Leiten von Gemeinde zur Verfügung als Willow Creek. Auch bin ich demütig berührt davon, dass Redeemer bei allen diesen Strömungen des Evangelikalismus ein hohes Ansehen genießt, obgleich wir fest in der reformierten Tradition verwurzelt sind. Das ist sehr unüblich, macht es aber für uns möglich, innerhalb des breiten Spektrums vom heutigen Gemeindeleben sowohl zu lehren als auch zu lernen."[142]

Im Unterschied zur klassisch reformierten exegetischen Auslegungspredigt (lectio continua), bei der je nach Länge des Bibelbuches eine Predigtreihe auch mehrere Jahre dauern kann[143], vermischt Keller Elemente der lectio continua und lectia selecta.[144] Eine Analyse zu den Gründen für diese Besonderheiten folgt in Kapitel 7.

Christlicher Hedonismus

Das zentrale Element in Pipers Denken und Wirken ist Gottes Gottzentriertheit. Im Zuge dieser Ausrichtung prägte Piper den Ausdruck *Christlicher Hedonismus*[145]. Dabei geht es Piper um eine Revidierung der unbiblischen Kant'schen Definition, die allerdings oft unbewusst als christlich erachtet wird, dass man beim Tun von wahrhaft Gutem eine stoische Gleichgültigkeit aufweisen muss. Stattdessen legt Piper biblisch dar, dass das Wertschätzen Gottes als höchstes Gut stets zu unserer größten Zufriedenheit führt. Dies findet sich in Piper'schen Kernaussagen wie: *„Gott ist am meisten in uns verherrlicht, wenn wir unsere größte Zufriedenheit in ihm haben."* oder *„Das höchste Ziel des Menschen ist es, Gott zu verherrlichen, indem wir ihn für immer genießen"*. Dabei verweist Piper darauf, dass andere wie Edwards, C.S. Lewis oder Pascal die These von der Pflicht zur Freude in Gott in ähnlicher Weise auch schon getroffen haben.[146]

---

[142] Timothy J. Keller; Geneva Push (Hrsg.). *The 'kingly' Willow Creek Conference.* 2009 URL: http://genevapush.com/blogs/keller/the_kingly_willow_creek_conference – Zugriff am 24.07.2015.

[143] John Piper predigte beispielsweise etwas mehr als acht Jahre durch den Römerbrief.

[144] Ausführlich dargelegt im Vorlesungsskript zu dem genannten RTS Seminar in Timothy J. Keller; Reformed Theological Seminary, Doctor of Ministry Program (Hrsg.). *Preaching the Gospel in a Post-Modern World,* a.a.O. Fn. 83, S. 4-6.

[145] John Piper. *Christian Hedonism: Forgive the Label, But Don't Miss the Truth.* Desiring God, 1995 URL: http://www.desiringgod.org/articles/christian-hedonism – Zugriff am 24.07.2015.

[146] John Piper, a.a.O. Fn. 144.

In dieses Denken integriert ist die Theodizee von Gottfried Leibnitz, der darin „Die Beste aller möglichen Welten" postulierte. In seinem philosophischen Essay versucht Leibnitz, das Problem des Bösen zu erörtern, und kommt zu dem Schluss, dass diese Welt die beste aller möglichen darstellt. Piper wandelt Leibnitz' Idee allerdings ein wenig ab und erklärt:

> „Gott lenkt den Lauf der Geschichte derart, dass Gottes Herrlichkeit und seines Volkes Zufriedenheit schlussendlich derart maximiert werden, wie dies in keiner anderen Welt hätte geschehen können."[147]

Zusammen mit der umstrittenen Lehre der doppelten Prädestination, nämlich auch der zum Gericht, bezeichnet sich Piper somit als *Sieben-Punkte-Calvinist.*

Kritik

Vielleicht keine andere Ausrichtung des Evangelikalismus ist allgemein so kritikfreudig wie die reformierte. Und so wundert es nicht, dass sowohl Piper als auch Keller vor allem auch von Reformierten spitzfindig analysiert und auch kritisiert werden. Als Piper im Jahr 2010 den im reformierten Lager umstrittenen Pastor und Autor Rick Warren einlud, waren einige reformierte Kreise entsetzt. Piper verärgerte damit eine Reihe an befreundeten oder ihm zugewandten Reformierten und setzte sich unangenehmer Kritik aus. Aber unpopuläre Entscheidungen schrecken Piper nicht, wenn er von ihrer Richtigkeit überzeugt ist. So ging Piper sogar weiter und analysierte in einem über eine Stunde langen Interview mit Warren[148] die Kritiken an Warrens Buch *Leben mit Vision* und stellte sie als unhaltbar bloß. Damit gab er eine öffentliche Empfehlung für die Person Warrens, was vielen einen Anstoß lieferte. Ähnliche Reaktionen forderte Piper heraus, als er den bekannten reformierten Hip Hop Künstler Lecrea in seiner Gemeinde im Rahmen eines Gottesdienstes auftreten ließ. Auch dies ist einigen Puristen zu viel des Guten, gehören doch deren Meinung nach moderne, weltliche Klänge wie Hip Hop nicht in einen Gottesdienst. Allerdings trat Piper damit eine Bewegung los, nämlich der *Lyrical Theology*, die sich den Umstand zu nutze macht, dass

---

[147] Matt Perman; Desiring God (Hrsg.). *What does Piper mean when he says he's a seven-point Calvinist?* 2006 URL: http://www.desiringgod.org/articles/what-does-piper-mean-when-he-says-hes-aseven-point-calvinist – Zugriff am 24.07.2015.

[148] John Piper. *John Piper Interviews Rick Warren on Doctrine.* Desiring God, 2011 URL: http://www.desiringgod.org/blog/posts/john-piper-interviews-rick-warren-on-doctrine – Zugriff am 25.07.2014.

aufgrund der schlichten Textfülle gerade dieser Musikstil für umfassende theologische Abhandlungen ausgezeichnet geeignet ist. Schließlich schaffte sich sogar auch John MacArthur mit derselben Einladung Lecraes, allerdings auf eine Konferenz 2010, einige Kritiker. Dennoch zeigt sowohl Pipers Schulterschluss mit einem hart kritisierten Warren, als auch mit Lecrea, seine Charakteristik als Grenzgänger.

Die Hauptströmungen und Streitigkeiten innerhalb des reformierten Lagers hat Frame in einem Essay sehr klar dargelegt.[149] Darin führt er aus, dass der *„Christliche Hedonismus"* von Piper oft zweierlei Kritik mit sich bringt. Die eine Kritik beschäftigt sich mit der Namensgebung, bei der viele den Bezug zum Hedonismus problematisch finden. Keller und Clowney antworten dazu in einer Vorlesung:

> *„(Tim:)* Piper hat es mit der Sorte von Evangelikalen zu tun, die vermutlich die meiste Zeit unter ihrem Pflichtgefühl leiden. Ich denke nicht, dass es eine gute Idee ist, den Ausdruck Christlicher Hedonismus zu nutzen. In meiner Wahrnehmung ist das eine vermischte Botschaft und ein Fehler. Aber Piper versucht damit, die Christen erkennen zu lassen, dass unser Leben eines der Freude und des Genusses sein sollte und keine Last. Was ich aber meinen Leuten in New York genauso mitgeben muss, ist, dass sie nicht für sich selbst leben sollen. Wenn du Freude in Gott finden willst, musst du zu Gott kommen, einfach weil er Gott ist. Nicht weil du daraus für dich Vorteile ziehen kannst. Du bekommst alle möglichen Vorteile, wenn du bereit bist, zu Gott zu kommen, ohne auf Vorteile bedacht zu sein. Und das ist nicht ganz einfach zu kommunizieren. Warum man das Selbstinteresse nicht allzu sehr bemühen sollte, liegt darin begründet, dass der Gehorsam gegen Gott häufig nicht sehr praktisch ist. Dein Ansehen leidet, ein Geschäft platzt. Man bereitet die Leute schlecht darauf vor. (Ed:) Man kann auch nicht eindimensional sagen, dass Jesus nur aus Genuss am Kreuz starb. In gewisser Weise sieht man an seinem Gebet zum Vater, dass er es auch aus Pflicht gegenüber seinem Vater und dessen Willen tat."*[150]

Ein substanzieller Kritikpunkt ist, dass Piper sich gegen Dankbarkeit als Motivation für Heiligung ausspricht und sich damit gegen den Heidelberger Katechismus stellt.[151] Keller dazu:

---

[149] John M. Frame. *Machen's Warrior Children.* Homepage of Vern S. Poythress and John M. Frame, 2003 URL: http://www.frame-poythress.org/machens-warrior-children/ – Zugriff am 2.07.2015.

[150] Edmund P. Clowney/Timothy J. Keller; Reformed Theological Seminary (Hrsg.), a.a.O. Fn. 75.

[151] John Piper. *Future Grace: The Purifying Power of Living By Faith In Future Grace.* Oregon: Multnomah, 1995.

„Piper hat im Prinzip die Kontroverse über das Leben aus Dankbarkeit erschaffen. Ich hasse es, irgendetwas Negatives über Piper zu sagen, wenn 99,9% seiner Werke wunderbar sind. Aber in ‚Future Grace' führt er aus: ‚Wir schauen nicht zurück, um aus Dankbarkeit für den Tod Jesu zu leben. Wir leben aus einer leidenschaftlichen Sehnsucht nach unserem zukünftigen sowie aus unserem gegenwärtigen Genuss Gottes.' Und ich denke, dass der durchschnittliche neue Christ in meiner Kirche es besser weiß, als diese Dinge gegeneinander auszuspielen. (...) Es ist schwer, ein heiliges Leben zu führen, und ich will dazu jede Motivation nutzen, die ich finden kann. Und meine existenzielle Freude an Gott ist an manchen Tagen nicht da."[152]

Interessant zu erwähnen ist hier, dass Tim Keller auf schriftliche Nachfrage weder zur obigen Kontroverse noch zum Ausdruck „christliche Hedonismus" Stellung nehmen wollte. Er ließ durch seinen Assistenten mitteilen, dass er nicht gut genug mit den Werken Pipers vertraut sei, um dazu etwas sagen zu können. Allerdings verwies er bei der Frage zur Dankbarkeit als Motivation auf den Heidelberger Katechismus, der Dankbarkeit als Motivation klar bejaht. Dieses Beispiel demonstriert sehr klar Kellers friedliebendes Wesen.

Keller wird vor allem für seine Offenheit und seinen Respekt anderen christlichen Konfessionen und Denominationen gegenüber stark kritisiert. Dass er als Querdenker selbst katholischen oder orthodoxen Perspektiven bei aller Vorsicht und Kritik auch Gutes abgewinnen kann, stößt bei vielen Reformierten auf Unverständnis.[153] Auch seine komplexen Ansichten über Evolution und Schöpfung, der Framework-Interpretation, ist Kritikpunkt. Für einige Reformierte ist Keller nicht deutlich genug in seiner Verkündigung bezüglich Hölle und Gericht. Allerdings widerlegt dies ausgerechnet ein enger Mitarbeiter von John Piper in einer Analyse von Kellers Predigten.[154] Allerdings bemerkte Piper auf Nachfrage im persönlichen Gespräch, dass er sich den Aspekt des aktiven Gerichts Gottes stärker von Keller betont wünschen würde, da Keller primär den passiven Aspekt betont.[155]

---

[152] Edmund P. Clowney/Timothy J. Keller; Reformed Theological Seminary (Hrsg.), a.a.O. Fn. 75.

[153] John Hendryx; Monergism Books (Hrsg.). *A Word of Caution about Tim Keller.* 2014 URL: http://www.monergism.com/thethreshold/articles/onsite/wordofcaution. html – Zugriff am 22.07.2014.

[154] Tony Reinke; Desiring God (Hrsg.). *Is Tim Keller Weak On Wrath?* 2014 URL: http://www.desiringgod.org/articles/is-tim-keller-weak-on-wrath – Zugriff am 25.07.2015.

[155] John Piper. *Persönliches Gespräch nach einer Konferenzsession in Hamburg.* Evangelium 21 Konferenz, 2012.

	John Piper	Timothy Keller
Schriftverständnis	Chicago-Bekenntnis	Chicago-Bekenntnis
Soteriologie	reformiert	reformiert
Reformierte Strömung	*„Neo-Puritaner"*	*„Neo-Calvinist"*
Ekklesiologie	Kongregationalist	Presbyterianer
Leiterschaft	Komplementarier	Komplementarier
Gesetz & Evangelium	(Neue) Bundestheologie	Bundestheologie
Taufverständnis	Credo-Baptist	Paedo-Baptist
Geistesgaben	Kontinualist	80% Cessationist
Schöpfung	Alte Erde Gap-Theorie 24-Stunden-Tage	Alte Erde Theistische Evolution Tage als Zeitalter
Eschatologie	Prämillennialist	Post- oder Amillennialist
Hermeneutik	synchron (ST) introspektiv	diachron (BT) holistisch
Homiletik	Lectio Continua Bible Arcing	Lectio Continua & Selecta Christozentrisch-Triperspektivistisch
Besonderheiten	Christlicher Hedonismus 7 Punkte Calvinist lehrmäßig konfrontativ	Kontext & Kultur Präsuppositionale Apologetik lehrmäßig vermittelnd

Zusammenfassung und Übersicht der Theologien von Piper und Keller

4 Denomination

Die Zugehörigkeit unserer Protagonisten zur jeweiligen Denomination ist als historischer Faktor wichtig zu betrachten, gibt aber darüber hinaus auch grobe theologische Linien vor, die in Kapitel 3 bereits dargestellt wurden.

John Piper wird durch seine gläubige Familie in die Tradition der Baptisten hineingeboren. Gerade auch seiner weiteren Biographie kann entnommen werden, dass diese denominelle Tradition für Piper mit Inhalt gefüllt war, blieb er doch der Baptistenbewegung treu. Zwar ist das christlich-private Wheaton College und das FTS keiner festen Denomination zugeordnet, spätestens aber nach der Rückkehr aus München an die baptistische Bethel University findet Piper zurück zu seiner Tradition.

Tim Keller wuchs in einer tendenziell liberalen Kirchentradition der LCA auf. Nach seiner Bekehrung fand er im Anschluss an seine Zeit am denominationslosen GCTS durch Edmund Clowney zur presbyterianischen WTS. Dies war eine logische Konsequenz, da Keller am GCTS von der reformierten Theologie überzeugt wurde. Diese Denomination bildet bis heute Kellers geistliche Heimat.

4.1 Baptist General Conference

Die Wurzeln dieser baptistischen Bewegung reichen zurück zum schwedischen Pietismus, war doch die BGC zunächst eine schwedische Bapstistenvereinigung. Die nach der Umbenennung 2008 auch unter der zeitgemäßeren Bezeichnung *Converge Worldwide*[156] bekannte Bewegung fand ihren Anfang, als der lutherisch-pietistische Laienprediger Gustaf Palmquist zusammen mit anderen schwedischen Einwanderern nach Amerika reiste, eine baptistische Erweckung miterlebte und sich entschied, ein Baptist zu werden. Zuvor in Schweden, hatte ihn Fredrik Nilsson die Glaubensansichten der Baptisten nahegebracht. Am 13. August 1852 gründete Palmquist mit drei anderen Schweden die erste schwedische Baptistengemeinde Amerikas in Rock Islands, Illinois, was allgemein als Gründungsmoment der *„Swedish Baptist General Conference"* verstanden wird. Der Zusatz *„Swedish"* wurde 1945 aufgrund der voll-

---

[156] Converge Worldwide (Hrsg.). *Our Story*. 2014 URL: http://www.convergeworld wide.org/about/facts-and-info/our-story – Zugriff am 10.08.2014.

ständigen Amerikanisierung und der inzwischen multiethnischen Zusammensetzung aus dem Gründungsnamen gestrichen.[157]

Die BGC wächst unter der Erweckungsbewegung des 19. Jahrhunderts in Amerika, auch bekannt unter der Bezeichnung *Second Great Awakening*, enorm und wurde zusammen mit den Methodisten eine der bedeutenden christlichen Bewegungen des Landes. Theologisch stets konservativ, arbeitete die GBC zunächst mit den anderen Baptistenbünden, insbesondere der *Northern Baptist Convention*, zusammen. Als allerdings liberale Strömungen dort immer stärker wurden, lösten sich die BGC 1944 von der NBC und organisierte als Konsequenz eine eigenständige Auslandsmission, um auch in dem Bereich vollends eigenständig operieren zu können.

Das *Bethel Theological Seminary* sowie die *Bethel University* gehören zur BGC und obliegen deren Leitung. Die *Bethlehem Baptist Church*, welche die Wirkungsstätte von John Piper werden sollte, war 1871 die erste Gemeindegründung in Minneapolis der BGC. In 2012 hatte die BGC 1182 Gemeinden mit mehr als 271.738 Mitgliedern in den USA.

4.2 Presbyterian Church In America

Die PCA hat ihre Wurzeln in der PCUSA. Nachdem 1935 Auseinandersetzungen der sogenannten *Fundamentalist-Methodist Controversy* über Theologie und Ekklesiologie im Allgemeinen, den Stellenwert und der Rolle des Christentums in der Kultur im Besonderen, zur Abspaltung der PCUS von der PCUSA führt, entsteht die PCA wegen liberaler und dialektischer Theologie innerhalb der PCUS.

Schon 1942 finden nämlich diese Einflüsse ihren Weg in die PCUS und mit ihrer Ausbreitung, welche die ursprüngliche Trennung von der PCUSA sinnentleerte, folgerichtig auch der Wunsch nach einer Rückvereinigung mit der PCUSA. Der konservative Teil der PCUS sucht diesen Tendenzen durch eine Bestärkung und verbindlichen Rückkehr zu den Inhalten des Westminster Bekenstnisses, als *„umfassendste und verständlichste Auslegung des christlichen Glaubens"*[158], entgegenzuwirken. Zu dieser Zeit stellen viele ausbildende Professoren in der PCUS die Jungfrauengeburt Jesu, die leibliche Auferstehung sowie die Unfehlbarkeit der Schrift in Frage. Als Gegengewicht zu dieser zunehmenden Liberalisierung grün-

---

[157] C. Douglas Weaver. *In Search of the New Testament Church: The Baptist Story*. Macon, Georgia: Mercer University Press, 2008, S. 232f.

[158] Wikipedia (Hrsg.). Presbyterian Church in America. 2014 URL: http://en.wikipe dia.org/wiki/Presbyterian_Church_in_America – Zugriff am 15.08.2014.

den die konservativen Kräfte der PCUS schon 1966 das bis heute florierende *Reformed Theological Seminary*. In letzter Kosequenz führt das fehlende Veto-Recht einzelner Gemeinden in Bezug auf die geplante Zusammenführung der PCUS mit der PCUSA zur Abspaltung und Gründung der PCA im Jahr 1973.

5 Kirche

In diesem Abschnitt werden Kirchen von Piper und Keller sowie deren kulturelles Umfeld einander gegenübergestellt und verglichen. Dabei finden nur die Aspekte Erwähnung, die für das Thema der vorliegenden Arbeit relevant sind. Für eine ausführliche Darstellung der jeweiligen Gemeindegeschichte sei auf die Quellen verwiesen.[159]

5.1 Kulturelles Umfeld

Ähnlich wie für Europa liegt auch für die USA die Ära des Christentums als gemeinsame Wertebasis zunehmend in der Vergangenheit. Auch wenn die USA in der Entwicklung hinterherhinken, sprechen viele heute schon von einer ostchristlichen Kultur. Ein kontinuierlicher Abfall der US Bürger, die sich offiziell als Christen bezeichnen, geht einher mit einer deutlichen Zunahme an Atheisten, Agnostikern oder Skeptikern (Kategorie konfessionslos). In den Jahren 2007–2014 fiel der „christliche Anteil" der Bevölkerung von 78,4% auf 70,6%, während die Zahl der Konfessionslosen um 6,7% anstieg. Dies ist die historisch niedrigste Zahl an Christen für die USA.[160] Die Erhebungen des Pew Research Center zeigen neben dem jährlich sinkenden Einfluss des Christentums als weitere Besonderheit, dass die Großstädte wesentlich säkularer sind und diese die Entwicklung den ländlichen Regionen vorgeben.

In einer von ihm selbst in Auftrag gegebenen statistischen Erhebung kommt Mark Driscoll zu dem Schluss, dass die Pew-Umfragen insbe-

---

[159] Wikipedia (Hrsg.). *Bethlehem Baptist Church in Minneapolis.* 2015 URL: https://en.wikipedia.org/wiki/Bethlehem_Baptist_Church_(Minneapolis) – Zugriff am 20.07.2015; Pastors-Elders at BBC; Bethlehem Baptist Church (Hrsg.). *A Brief History of Bethlehem's Church Planting Involvement.* 2015 URL: http://www.hopeingod.org/document/brief-historybethlehems-church-planting-involvement – Zugriff am 31.07.2015; Pastors-Elders at BBC; Bethlehem Baptist Church (Hrsg.). *Our History.* 2015 URL: http://www.hopeingod.org/aboutus/who-we-are/our-history – Zugriff am 25.07.2015; Redeemer Presbyterian Church (Hrsg.). *Redeemer History.* URL: http://www.redeemer.com/learn/about_us/redeemer_history/ – Zugriff am 25.07.2015; Timothy J. Keller. *The 'Multi-Site' Model.* 2010 URL: http://www.thegospelcoalition.org/article/the-multi-site-model-thoughts – Zugriff am 31.07.2015.

[160] Nate Cohn; New York Times (Hrsg.). *Big Drop in Share of Americans Calling Themselves Christian.* 2015 URL: http://www.nytimes.com/2015/05/12/upshot/big-drop-in-share-of-americanscalling-themselves-christian.html?_r=1&abt=0002&abg=1 – Zugriff am 21.07.2014.

sondere in den Großstädten der USA eine viel zu optimistische Darstellung geben. Er spricht daher von einem *„Pseudo-Christentum"*. Seinen Daten nach gibt es z.b. in NYC oder Seattle höchstens 3-5 % Christen. Dies macht bei genauerer Analyse tatsächlich auch Sinn, zumal konservative, republikanische Positionen nicht gleichzusetzen sind mit biblischem Christentum.

Minneapolis

So weist Minneapolis als 14. größte Metroregion der USA wesentlich weniger Christen und mehr Atheisten auf als der zugehörige Bundesstaat Minnesota. In einer Studie der *Pew Forum on Religion and Public Life* aus dem Jahr 2008 ergab sich, dass von den sich als Christen bezeichnenden 70% der Stadtbevölkerung 15% zur evangelikalen Tradition gehören.[161] Es muss davon ausgegangen werden, dass 1980 der Anteil der christlichen Prägung höher ist, somit auch der Anteil an Evangelikalen.

Der überwiegende Großteil der BBC wohnt 1980 in den Vororten von Minneapolis, hat also mehr mit dem ländlichen Minnesota gemein und muss zur Arbeit und Kirche in die Stadt pendeln. Insofern müssten bei der Betrachtung des kulturellen Umfeldes der BBC eigentlich die Daten des Bundesstaates Minnesota herangezogen werden anstelle derer der Metropole Minneapolis. Dies soll an dieser Stelle nicht erfolgen, auch da der genaue Anteil der pendelnden Landbevölkerung heute nicht exakt bestimmt werden kann.

New York City

New York City ist die bevölkerungsreichste Großstadt der USA. Es ist eine der einflussreichsten Metropolen der USA, deren kulturelle, meinungspolitische und künstlerische Bedeutung auch weltweit maßgeblich ist. Im Unterschied zu Minneapolis betrachten sich in NYC nur 59% der Stadtbewohner als Christen. Entsprechend fällt der Anteil der Evangelikalen mit 9% geringer aus.[162] Allerdings ist anzumerken, dass diese Zahl in der Realität trügt, da sich diese Prozentzahl in den kulturell-politischen

---

[161] Pew Research Center (Hrsg.). *Religious Composition of Minneapolis Metro Area*. 2015 URL: http://www.pewforum.org/religious-landscape-study/metro-area/minne apolis/ – Zugriff am 27.07.2015.

[162] Pew Research Center (Hrsg.). *Religious Composition of New York City Metro Area*. 2015 URL: http://www.pewforum.org/religious-landscape-study/metro-area/ new-york-city/ – Zugriff am 27.07.2015.

Entscheidungen nicht wiederspiegelt. Tim Keller vergleicht Manhatten als Wirkungsbereich der RPC mit dem tief säkularen Europa. Dies war schon im Gründungsjahr 1989 ähnlich, weshalb NYC als Vorreiter der Postmoderne für viele nicht als Ort für eine erfolgsversprechende Gemeindegründung gilt.

In der von der RPC initiierten „Rise"-Kampagne aus dem Jahre 2017 heißt es:

> „Vor 25 Jahren war die Zahl der im Stadtzentrum lebenden New Yorker, die eine evangeliumszentrierte Kirche besuchten, 1%. Heute liegt sie bei 5%. Wir glauben, dass sie 2026 sogar 15% betragen kann."[163]

Somit verorten sie deutlich niedrigere Zahlen für 1992, nämlich nur 1%.

5.2 Vision

Das in Unternehmen als Werkzeug zur strategischen Planung verfasste Leitbild enthält als Wesensmerkmal die „Vision und Mission". Dieses wird inzwischen auch von Kirchen häufiger genutzt. Die Vision gibt in kürzester Form die Zielsetzung und den Existenzgrund der betrachteten Organisation wieder, während die Mission darlegt, wie dieses Ziel erreicht werden soll.

Bethlehem Baptist Church

Die Vision der BBC[164] ist identisch zu der von DG: *"To spread a passion for the supremacy of God in all things for the joy of all peoples through Jesus Christ."* Eine ausführlichere Variante erklärt:

> "We join God the Father in magnifying the supremacy of his glory through our Lord Jesus Christ, in the power of the Holy Spirit, by treasuring all that God is, loving all whom he loves, praying for all his purposes, meditating on all his Word, sustained by all his grace."[165]

---

[163] Redeemer Presbyterian Church (Hrsg.). *The Rise Campaign.* 2017 URL: http://rise.redeemer.com – Zugriff am 04.01.2018.

[164] Aufgrund der Gewichtigkeit jedes einzelnen Wortes und der Satzbildung bei diesen Formulierungen wird im Folgenden der englischen Originalsprache gegenüber einer Übersetzung der Vorzug gegeben.

[165] Pastors-Elders at BBC; Bethlehem Baptist Church (Hrsg.). *Our Vision and Values.* 2015 URL: http://www.hopeingod.org/document/vision-and-values-bethlehem-baptist-church – Zugriff am 27.07.2015.

Mehrere Dinge können beobachtet werden. Die Zielsetzung der Piper'schen BBC konzentriert sich primär auf die individuelle Beziehung zu Gott. Herauszulesen ist bei aller Wertschätzung für Mission die stark persönlich-introspektive Ausrichtung der Vision. Um klare Bezüge zur Schrift zu ermöglichen, finden sich zu jedem Teil der Sätze etliche Bibelstellen als Referenzen. Daraus und anhand der Sprache, die voll von. Theologie und Fachtermini des christlichen Glaubens ist, lässt sich vermuten, dass Christen die Zielgruppe bilden.

Redeemer Presbyterian Church

Folgende Formulierung wählte RPC seit ihrer Gründung als Vision:

"As a church of Jesus Christ, Redeemer exists to help build a great city for all people through a movement of the gospel that brings personal conversion, community formation, social justice, and cultural renewal to New York City and, through it, to the world."[166]

Bei dieser Formulierung fällt auf, dass das Individuum nicht primär im Fokus steht, sondern das Wohl der Stadt New York City. Sehr ausgewogen wird balanciert zwischen Gemeinschaft und Individuum, Kultur und Gesellschaft. Es ist weniger detailliert, enthält dennoch die wesentlichen Elemente einer schriftzentrierten Kirche.

5.3   Geschichte

Auch wenn Piper die Leitung der BBC inzwischen in die Hände von Jason Meyer übertragen hat, ist sein prägendes Wirken dort auch heute noch ausschlaggebend für die Richtung und Vision der Gemeinde. Daher wird hier auch die BBC betrachtet, stellt es doch die Hauptwirkungsstätte von Piper für 33 Jahre dar. Im Vergleich dazu wird die von Keller gegründete RPC in New York City betrachtet.

Bethlehem Baptist Church

John Piper ist der 14. Pastor, als er die 112 Jahre alte Bethlehem Baptist Church im Jahre 1980 übernimmt. Im Jahr des Dienstantritts von Piper sind die Mitgliedszahlen von 1204 im Jahr 1928 auf ungefähr 300

---

[166]   Timothy J. Keller; Redeemer Presbyterian Church (Hrsg.). *Vision and Values*, a.a.O. Fn. 102.

gesunken. Das Durchschnittsalter der Gemeindeglieder beträgt 75 Jahre. Nach eigenen Angaben hat Piper weder ausgeklügelte Pläne noch Programme zur Revitalisierung der schwindenden Versammlung. Seine Vision besteht darin, *„durch die Verkündigung des Wortes Christus derart zu erheben, dass Gott die unterschiedlichsten Menschen aus der Stadtumgebung in die Kirche ziehen und sich selbst eine Kirche bauen würde."* Während Piper an dieser Vision festhält und durch Gottes Gnade daran arbeitet, eine kleine, vergreiste und theologisch unwissende Versammlung in eine lebendige, wachsende Kirche zu verwandeln, deren Leidenschaft Theologie ist und die Gott enorm wertschätzt, verjüngt sich das Alter der Mitglieder beständig weiter, bis es im Bereich der 20-30-Jährigen landet.

1981, in Pipers erstem vollen Jahr an der BBC steigen die Besucherzahlen stark an. Aufgrund von enormem Platzmangel, dem auch erfolgreiche Aus- und Neubauprojekte der Jahre 1991 und 2003 nicht substanziell abhelfen konnten, entstehen in den zehn letzten Jahren bis zur Übergabe an Jason Meyer 2013 drei zusätzliche Standorte, in denen simultan dieselbe Predigt übertragen wird.[167] Die durchschnittliche Gesamtbesucherzahl pro Sonntag liegt im Jahr 2012 bei 4529, was verglichen mit 1981 einem Wachstum von über 1000 % entspricht. Beständiges Wachstum kennzeichnet die BBC unter Piper, auch wenn Tagebucheinträge von Piper verdeutlichen, dass er gerade auch in den ersten Jahren als Pastor viele Zweifel und Depressionen durchzustehen hat.[168]

Durch das sich ab Mitte 1990 rapide entwickelnde Internet finden die Predigten von Piper eine enorme Verbreitung. Begünstigt wird dies durch Moe und Karan Bergeron, die Pipers auf Diskette abgespeicherte Predigtnotizen der Jahre 1984-92 digitalisieren und in eBooks umwandeln.[169]

Die enorme Nachfrage übersteigt in kurzer Zeit die Kapazitäten der Bergerons, welche Piper auf diese Entwicklung aufmerksam machen. Piper erkennt das gewaltige Potential durch die neuen Medien, die zur heutigen online Globalisierung führen, und ruft 1994 zusammen mit *Jon Bloom* die heute weltweit bekannte *Desiring God Foundation*[170] ins Leben. Die inzwischen als Onlineplattform in mehreren Sprachen existierende

---

[167] Diese Strategie, einen Hauptgottesdienst an mehreren Standorten simultan per Video zu übertragen, ist eine Variante des *Multi-Site* Modells.

[168] John Piper. *Why are we so weak? (2Cor 4)*. The Planting Collective – Time To Plant Conference 2015, 2015 URL: http://www.co-mission.org.uk/Groups/257369/Co_Mission/EVENTS/Time_to_Plant/Time_to_Plant.aspx – Zugriff am 25I.07.2014.

[169] John Piper; Moe and Karen Bergeron (Hrsg.). *Piper's Notes*. 1995 URL: http://www.pipersnotes.com/icinfo.htm – Zugriff am 29.07.2014.

[170] Der Namenszusatz *„Ministries"* wurde nach 2013 in *„Foundation"* abgewandelt.

Website dient vielen Nationen und Kirchen weltweit mit wertvollen Materialien und Ressourcen.

Redeemer Presbyterian Church

Tim Keller gründet die RPC mit einer Gruppe von 15 Leuten, die er auch in den Jahren zuvor auf deren Suche nach einem Pastor für die Gemeindegründung betreut hat. Ihr Wunsch ist es, eine Kirche mitten im teuren und einflussreichen Manhatten zu gründen. Als Keller den Ruf nach NYC verspürt, überdenkt und überarbeitet er in den zwei Jahren davor komplett seine Dienstphilosophie und seinen Predigtstil entsprechend der Lebens- und Denkweise von NYC. Auch die lehrreichen Jahre am WTS unter Harvie Conn und Edmund Clowney spornen ihn an, das theoretisch Gelernte bei dieser Gemeindegründung praktisch zu erproben. An all diesen Prozessen ist Kathy Keller signifikant beteiligt. Auch wenn sie selten im Rampenlicht steht, wirkt sie maßgeblich an der Gründung und auch danach kontinuierlich mit, veröffentlicht mit ihrem Mann zusammen theologische Aufsätze und ist auch heute noch *„Assistant Director of Communications"* der RPC.

In sehr kurzer Zeit wächst die RPC weit über die Erwartungen hinaus und erreicht in weniger als einem Jahr 250 Mitglieder. Dies ermöglicht es Keller weitere vollzeitliche Mitarbeiter anzustellen. Im Rückblick betont Keller beim 25-jährigen Jubiläum von RPC, dass die Gemeinde durch Gebet gegründet wurde.

> „Die Auswirkungen waren für alle sichtbar. Im ersten Jahr der Gemeindegründung war Gottes Gegenwart oft greifbar. Das Evangelium wirkte brandneu, schläfrige Christen erwachten zu einem Neustart, jede Woche bekehrten sich Menschen. Die Luft wirkte elektrisiert. Jede getroffene Entscheidung erwies sich als weise. Jeder leistete weit über seine Gaben oder Fähigkeiten hinaus. Der Herr half uns."[171]

1992 gründet die RPC Hope for New York, die sich als Barmherzigkeitsdienst um praktische Nöte der Bewohner NYC kümmert. Immer neue Skeptiker und Agnostiker besuchen die Gottesdienste und Keller spricht heute davon, dass dies für ihn eine authentische Erweckung darstellt, bei der RPC bis Frühling 1993 auf 400 Mitglieder weiter anwächst.

---

[171] Timothy J. Keller; Timothy Keller Blog (Hrsg.). *Prayer and the Life of Redeemer Presbyterian Church*. 2014 URL: http://www.timothykeller.com/blog/2014/9/26/pra yer-and-the-life-ofredeemer-presbyterian-church – Zugriff am 29.07.2015.

Fragen zu den vielfältigen Auswirkungen des christlichen Glaubens in den jeweiligen Berufen resultieren schon früh in der Gründung von *The Center for Faith and Work*. Zu dieser Zeit begann man auch mit der Gründung weiterer Kirchen in und um NYC herum, sowie der Unterstützung von Gemeindegründungen in Großstädten weltweit. Die Entscheidung für das Real Multi-Site Modell fiel 1996, und man installierte vier Standorte um den Central Park herum, welche sich später zu drei Standorten zusammenschlossen. Die Gründung des *Redeemer Church Planting Center*, das 2001 in das weltweit agierende *Redeemer City to City* integriert wurde, fand 1997 statt.

Die Terroranschläge in NYC vom 11. September 2001 führten zu einer Verdoppelung der RPC Besucher. Keller spricht davon, dass am Sonntag vor den Anschlägen 2900 Besucher im Gottesdienst waren, am Sonntag danach 5700.[172] Auch wenn ein Teil es nur bei einem vorübergehenden Besuch bewenden ließ, wuchs die Kirche beständig weiter. Die RPC hat bis 2016 als Lokalgemeinde über 145 Gemeinden in der Metropolregion NYC gegründet, während RCtC als Organisation über 300 Gemeinden in 45 Metropolen weltweit gründen konnte. 2016 zählt RPC ungefähr 9000 regelmäßige Besucher an drei verschiedenen Standorten.

---

[172] Kate Bachelder; Wall Street Journal (Hrsg.). *God Isn't Dead In Gotham*. 2014 URL: http://online.wsj.com/public/resources/documents/print/WSJ_-A013-20141220 .pdf – Zugriff am 27.07.2015.

	Bethlehem Baptist Church	Redeemer Presbyterian Church
Gründung	1871 von J. L. Johnson ca. 300 im Jahre 1980	1989 von Tim und Kathy Keller 15 im Kernteam
Besucher	ca. 5000 im Jahre 2013	ca. 9000 im Jahre 2014
Stadt	Minneapolis 3,8 Mio. Einwohner	New York City 20,1 Mio. Einwohner
Nationalitäten	vielfältig	extrem vielfältig
Umfeld	abnehmend christlich	säkular-atheistisch
Vision	Christus verkündigen individuell introspektiv	Stadt positiv verändern facettenreich holistisch
Gemeindemodell	klassisch-attraktional Video Multi-Site als permanente Lösung	missional-inkarnational Real Multi-Site als Zwischenlösung
Perspektive	Nachfolger übernimmt alles Piper weiter bei DG	viele eigenständige Kirchen Keller weiter bei RCtC

Zusammenfassung und Übersicht der Kirchen von Piper und Keller.

6 Werke

Sowohl John Piper als auch Tim Keller sind nicht nur bekannt für ihre Predigten, sondern auch für ihre veröffentlichten Bücher. Dabei entstehen ihre Bücher in der Regel aus Predigtreihen und -themen, welche das grobe Gerüst vorgeben. In eine andere Kategorie fallen die Werke Kellers, die sich mit seinem innovativen Ansatz zur Gemeindegründung und -arbeit in Großstädten befassen. Hintergrund hierfür ist, dass es Christen beginnend mit dem 20. Jahrhundert weltweit zunehmend schwerer hatten, in großen Metropolen Fuß zu fassen. Das ungeschriebene Gesetz, wonach Gemeindegründung und -wachstum zwar in ländlichen Gebieten weltweit gut funktioniert, jedoch nicht in Großstädten, wurde durch Kellers Redeemer Gemeinde inmitten von Manhatten gebrochen. In Folge dessen wurde RPC zum zentralen Blickfang und Trainingszentrum für potenzielle Gemeindegründer weltweit.

6.1 John Piper

Mit der Übernahme der knapp 300 Menschen großen Gemeinde hat Piper von Beginn an gute Voraussetzungen, parallel zu seinen primären Aufgaben als Hauptpastor zu schreiben. Sein erstes Buch über die Auslegung von *Röm 9,1-23* veröffentlicht Piper schon drei Jahre nach seinem Antritt in der Bethlehem Baptist Church, nämlich 1983.[173] Allerdings sind die exegetischen Studien dazu bereits während eines Forschungsurlaubs am Bethel College vor seinem Ruf als Pastor erfolgt. Wie aus der Publikationsliste geschlossen werden kann, hat Piper unaufhörlich geschrieben. Auch wenn die Fragmente der meisten Bücher auf Predigten Pipers zurückgehen, ist die Breite der Themen und die Masse der Bücher Pipers beeindruckend. Die Qualität von Pipers Werken ist in der evangelikalen Welt unumstritten, ihr Einfluss und Nachwirken für die heutige Zeit einzigartig. Es ist richtig, wie Mark Dever zu behaupten, dass John Piper, auch durch seine Bücher, den Hauptfaktor für die erneute Popularität von reformierter Theologie darstellt.[174]

---

[173] John Piper. *The Justification of God: An Exegetical and Theological Study of Romans 9:1-23*. Grand Rapids, Michigan: Baker Academic, 1983.

[174] Mark Dever; The Gospel Coalition (Hrsg.). *Where Did All These New Calvinists Come From?* 2012 URL: http://www.thegospelcoalition.org/blogs/justintaylor/2012/08/27/whered-all-thesenew-calvinists-come-from-a-serious-top-10-list-from-mark-dever/ – Zugriff am 27.07.2015.

	John Piper	
Jahr	Titel	Verlag
	Love Your Enemies: Jesus' Love Command in the Synoptic Gospels and the Early Christian Paraenesis	Cambridge University
1983	The Justification of God (Exegese von Römer 9,1-23)	Baker
1986	Desiring God: Meditations of a Christian Hedonist	Multnomah
1990	The Supremacy of God in Preaching	Baker
1991	The Pleasures of God	Multnomah
1991	Recovering Biblical Manhood and Womanhood (Hrsg. mit Wayne Grudem)	Crossway
1993	Let the Nations Be Glad! The Supremacy of God in Missions	Baker
1995	Future Grace: The Purifying Power of Living By Faith in Future Grace	Multnomah
1997	A Hunger for God: Desiring God Through Fasting and Prayer	Crossway
1997	A Godward Life 1: Savoring the Supremacy of God in All of Life	Multnomah
1998	God's Passion for His Glory: Living the Vision of Jonathan Edwards	Crossway
1998	The Innkeeper	Crossway
1999	A Godward Life 2: Savoring the Supremacy of God in All of Life	Multnomah
2000	The Legacy of Sovereign Joy: God's Triumphant Grace in the Lives of Augustine, Luther, and Calvin	Crossway
2001	The Hidden Smile of God: The Fruit of Affliction in the Lives of John Bunyan, William Cowper, and David Brainerd	Crossway

2001	Seeing and Savoring Jesus Christ	Crossway
2001	The Dangerous Duty of Delight: The Glorified God and the Satisfied Soul	Multnomah
2001	What's the Difference?: Manhood and Womanhood Defined According to the Bible	Crossway
2002	The Misery of Job and the Mercy of God	Crossway
2002	Brothers, We Are not Professionals: A Plea to Pastors for Radical Ministry	Broadman & Holman
2002	The Roots of Endurance: Invincible Perseverance in the Lives of John Newton, Charles Simeon, and William Wilberforce	Crossway
2002	Counted Righteous in Christ: Should We Abandon the Imputation of Christ's Righteousness?	Crossway
2003	Beyond the Bounds: Open Theism (Hrsg. mit Justin Taylor)	Crossway
2003	Don't Waste Your Life	Crossway
2003	Pierced By the Word: Thirty-One Meditations for Your Soul	Multnomah
2003	The Prodigal's Sister	Crossway
2004	The Passion of Jesus Christ: 50 Reasons Why Jesus Came to Die	Crossway
2004	When I Don't Desire God: How to Fight for Joy	Crossway
2004	Life as a Vapor: Thirty-One Meditations for Your Faith	Multnomah
2004	A God Entranced Vision of All Things: The Legacy of Jonathan Edwards (Hrsg .mit Justin Taylor)	Crossway
2005	Sex and the Supremacy of Christ (Hrsg. mit Justin Taylor)	Crossway
2005	Taste and See: Savoring the Supremacy of God in All of Life	Multnomah

2005	God is the Gospel: Meditations on God's Love as the Gift of Himself	Crossway
2006	Contending for Our All: Defending Truth and Treasuring Christ in the Lives of Athanasius, John Owen, and J. Gresham Machen	Crossway
2006	Suffering and the Sovereignty of God (Hrsg. mit Justin Taylor)	Crossway
2006	What Jesus Demands from the World	Crossway
2007	When the Darkness Will Not Lift: Doing What We Can While We Wait for God – and Joy	Crossway
2007	Amazing Grace in the Life of William Wilberforce	Crossway
2007	The Supremacy of Christ in a Postmodern World (Hrsg. mit Justin Taylor)	Crossway
2007	Battling Unbelief: Defeating Sin with Superior Pleasure	Multnomah
2007	The Future of Justification: A Response to N. T. Wright	Crossway
2008	Spectacular Sins: And Their Global Purpose in the Glory of Christ	Crossway
2008	John Calvin and His Passion for the Majesty of God	Crossway
2009	Rethinking Retirement: Rethinking Life for the Glory of Christ	Crossway
2009	Velvet Steel: The Joy of Being Married to You	Crossway
2009	The Power of Words and the Wonder of God (Hrsg. mit Justin Taylor)	Crossway
2009	Finally Alive: What Happens When We Are Born Again	Focus
2009	This Momentary Marriage: A Parable of Permanence	Crossway

2009	Filling Up the Afflictions of Christ: The Cost of Bringing the Gospel to the Nations in the Lives of W. Tyndale, A. Judson, and J. Paton	Crossway
2010	With Calvin in the Theater of God: The Glory of Christ and Everyday Life *(Hrsg. mit David Mathis)*	Crossway
2010	A Sweet and Bitter Providence: Sex, Race, and the Sovereignty of God	Crossway
2010	Jesus: The Only Way to God: Must You Hear the Gospel to be Saved?	Baker
2010	Think: The Life of the Mind and the Love of God	Crossway
2010	Ruth: Under the Wings of God	Crossway
2011	The Pastor as Scholar and the Scholar as Pastor: Reflections on Life and Ministry *(Hrsg. mit D.A. Carson)*	Crossway
2011	Bloodlines: Race, Cross, and the Christian	Crossway
2011	Don't Waste Your Cancer	Crossway
2011	Thinking. Loving. Doing. A Call to Glorify God with Heart and Mind *(Hrsg. mit David Mathis)*	Crossway
2012	Esther	Crossway
2012	Finish the Mission: Bringing the Gospel to the Unreached and Unengaged *(Hrsg. mit David Mathis)*	Crossway
2013	Five Points: Towards a Deeper Experience of God's Grace	Focus
2013	Risk Is Right: Better to Lose Your Life Than to Waste It	Crossway
2013	Does God Desire All to Be Saved?	Crossway
2013	Acting the Miracle: God's Work and Ours in the Mystery of Sanctification *(Hrsg. mit David Mathis)*	Crossway
2014	The Romantic Rationalist: God, Life, and Imagination in the Work of C. S. Lewis *(Hrsg. mit David Mathis)*	Crossway

2014	The Dawning of Indestructible Joy: Daily Readings for Advent	Crossway
2014	Seeing Beauty and Saying Beautifully: The Power of Poetic Effort in the Work of George Herbert, George Whitefield, and C. S. Lewis	Crossway
2014	A Godward Heart: Treasuring the God Who Loves You	Multnomah
2015	Cross: Unrivaled Christ, Unstoppable Gospel, Unreached Peoples	B & H
2016	Lessons from a Hospital Bed	Crossway
2016	Living in the Light: Money, Sex and Power	TGBC
2016	A Peculiar Glory	Crossway
2016	A Camaraderie of Confidence: The Fruit of Unfailing Faith in the Lives of Charles Spurgeon, George Müller, and Hudson Taylor	Crossway
2016	Andrew Fuller: Holy Faith, Worthy Gospel, World Mission	Crossway
2017	Happily Ever After: Finding Grace in the Messes of Marriage	Desiring God
2017	Reading the Bible Supernaturally	Crossway
2017	The Satisfied Soul: Showing the Supremacy of God in All of Life	Multnomah
2017	Shaped by God: Thinking and Feeling in Tune with the Psalms	Desiring God
2018	21 Servants of Sovereign Joy: Faithful, Flawed, and Fruitful	Crossway
2018	Expository Exultation: Christian Preaching as Worship	Crossway

Liste der Buchveröffentlichungen von John Piper. Neuauflagen mit erweitertem Inhalt und veränderten Buchtiteln wurde nicht berücksichtigt. Siehe Justin Taylor; Desiring God (Hrsg.). John Piper: Bibliography. URL: http://www.desiringgod.org/about/john-piper/bibliography – Zugriff am 31.05.2018.

6.2 Timothy Keller

Keller fängt erst spät damit an, als Autor zu wirken. In mehreren Inverviews empfiehlt er Pastoren, sich auf die Gemeinde als primäre Aufgabe zu konzentrieren. Er nennt drei Gründe dafür, erst spät mit dem Schreiben zu beginnen: Erstens sollte der Pastor in seinen Überzeugungen und Positionen so weit gereift sein, dass er sich nicht später gezwungen sieht, seine Bücher revidieren zu müssen. Dies ist etwas, was bei vielen Pastoren und Theologen tatächlich passiert, so beispielsweise bei Lloyd-Jones bezüglich der Geistesgaben oder bei Bruce Waltke in der Frage des Millenniums. Zweitens bedeutet die Priorität Bücher zu schreiben immer auch eine Vernachlässigung der Gemeindeaufgaben, was es gerade in kleinen Gemeinden zu vermeiden gilt. Drittens birgt ein erfolgreiches Wirken als Autor die Gefahr der Berühmtheit als Pastor, was, wie Keller selbst erfahren musste, die eigentliche Gemeindearbeit beeinträchtigt. Keller fängt erst 2007 parallel zum Dienst als Hauptpastor seiner Redeemer Gemeinde mit dem Schreiben an. Sein Buch *„The Reason for God"* wurde zu einem New York Times Bestseller. Da seine Tätigkeit als Autor auch im säkularen Bereich große Beliebtheit erfährt, sieht Keller die Verpflichtung, weitere Bücher zu schreiben und dies auch als Evangelisationsmethode zu nutzen. Bezeichnend ist, dass Keller die überwiegende Zahl seiner Bücher bewusst bei dem sehr bekannten säkularen Verlag „Penguin" publiziert hat, um so Zugang zu einem größeren Publikum zu erhalten.

Timothy Keller		
Jahr	Titel	Verlag
1985	Resources for Deacons: Love Expressed through Mercy Ministries	PCA
1993	Center City Churches: The New Urban Frontier (*Hrsg: Lyle E. Schaller*)	Abingdon
1997	Ministries of Mercy: The Call of the Jericho Road	P & R
2000	It Was Good: Making Art to the Glory of God (*Hrsg: Ned Bustard*)	Square Halo
2002	Church Planter Manual	RPC

2002	Worship by the Book (Hrsg: D. A. Carson)	Zondervan
2007	The Supremacy of Christ in a Postmodern World (Hrsg: Piper & Carson)	Crossway
2008	The Reason for God: Belief in an Age of Skepticism	Penguin
2008	The Prodigal God: Recovering the Heart of the Christian Faith	Penguin
2009	Counterfeit Gods: The Empty Promises of Money, Sex, and Power, and the Only Hope that Matters	Penguin
2010	Gospel in Life Study Guide: Grace Changes Everything	Zondervan
2010	Generous Justice: How God's Grace Makes Us Just	Penguin
2010	A Place for Truth: Leading Thinkers Explore Life's Hardest Questions (Hrsg: Dallas Willard)	IVP
2011	King's Cross: The Story of the World in the Life of Jesus	Penguin
2011	The Meaning of Marriage: Facing the Complexities of Commitment with the Wisdom of God	Penguin
2012	The Freedom of Self Forgetfulness: The Path to True Christian Joy	10Publishing
2012	Center Church: Doing Balanced, Gospel-Centered Ministry in Your City	Zondervan
2012	Every Good Endeavor: Connecting Your Work to God's Work	Penguin
2013	Encounters with Jesus: Unexpected Answers to Life's Biggest Questions	Penguin
2013	Walking with God through Pain and Suffering	Penguin
2013	Galatians For You	Good Book
2013	Judges For You	Good Book

2014	Prayer: Experiencing Awe and Intimacy with God	Penguin
2014	Romans 1-7 For You	Good Book
2015	Romans 8-16 For You	Good Book
2015	Preaching: Communicating Faith in an Age of Skepticism	Penguin
2015	The Songs of Jesus: A Year of Daily Devotions in the Psalms	Penguin
2016	Making Sense of God: An Invitation to the Sceptical	Penguin
2016	Hidden Christmas: The Surprising Truth Behind the Birth of Christ	Penguin
2017	God's Wisdom for Navigating Life: Daily Devotions in the Book of Proverbs	Penguin
2018	The Prodigal Prophet: Jonah and the Mystery of God's Mercy	Penguin

Liste der Buchveröffentlichungen von Timothy Keller.

7 Theologische Vision

Bisher richtete sich der Blick auf biographische, persönliche und theologische Unterschiede bei Piper und Keller. Auch wenn deutlich wird, dass ein gewisses Maß der verschiedenen Methodik auf diese Unterschiede zurückzuführen ist, bleibt die Frage nach wie vor weitestgehend unbeantwortet, wie es sein kann, dass zwei Theologen nahezu das gleiche theologische Gerüst besitzen und doch in ihrer Methodologie stark verschiedene Ansätze verfolgen.

Zur Beantwortung dieser Frage konzentriert sich dieses Kapitel auf Kellers eigenständige Herangehensweise an Kirche, welche gut am Beispiel seiner Gemeindegründung der RPC repräsentiert wird. Obgleich Piper keine Veröffentlichungen zu dieser Thematik hat, wird im Sinne der Fragestellung dieser Arbeit weitestgehend induktiv versucht, Pipers Position im Vergleich zu erörtern.

Eine bedeutsame Zwischenebene

In seinem Magnum Opus „Center Church"[175] führt Keller aus, dass Theologie zwar die Grundlage jeder Kirche sein muss, diese aber nicht das volle, fertige Bild liefert, um zu erklären, warum Kirchen mit gleicher Theologie völlig unterschiedliche praktische Entscheidungen treffen. So enthält die Bibel keine direkten Hinweise auf die Frage nach Musikstilen oder Liturgien im Gottesdienst. Keller vertritt die Meinung, dass die Praxis einer Kirche eben nicht aus ihrer Theologie entsteht, sondern aus einer Zwischenebene, welche starken Einfluss auf die Praxis nimmt: die „theologische Vision".

> „Eine theologische Vision ist eine wahrheitsgetreue Neudarstellung des Evangeliums mit vielfältigen Auswirkungen auf Leben, Dienst und Mission in einer gegebenen Kultur zu einem Zeitpunkt der Geschichte."[176]
> „Die theologische Vision muss darauf abzielen, der Welt der Gegenwart den ganzen Ratschluss Gottes bekannt zu machen, so dass diese Gegenwart verändert werden kann."[177]

---

[175] Timothy J. Keller. *Center Church: Doing Balanced, Gospel-Centered Ministry in Your City*, a.a.O. Fn. 79.
[176] Timothy J. Keller, a.a.O. Fn. 79, S. 20.
[177] Richard Lints. *The Fabric of Theology: Prolegomenon in Evangelical Theology*. Grand Rapids: Eerdmans, 1993, S. 9.

Sie ist alleiniger Gegenstand von „*Center Church*" und enthält in ihrer Formulierung den essenziellen Grund für die Andersartigkeit der Gemeindegründung Kellers in NYC.

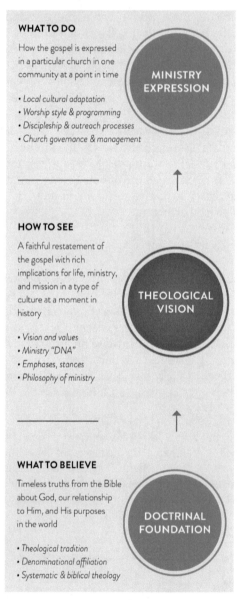

Theologie, Kontext und Praxis nach Lints und Keller. Center Church, S. 20

Keller bezieht sich hier auf seinen früheren Professor am GCTS Richard Lints, der das Entstehen dieser theologischen Vision erklärt.[178] Wesentlich und entscheidend dabei ist die jeweilige Perspektive der Kirche auf *Kultur, Vernunft* und *Tradition*. Eine theologische Vision ist immer implizit vorhanden und bestimmt Ausdrucksformen und Methodologie jeder Kirche. Als Schnittstelle zwischen den theologischen Grundlagen und der praktischen Gemeindearbeit bildet sie nach Lints und Keller das kontrollierende Zentrum von Gemeinden, auch dann, wenn keine offizielle theologische Vision postuliert ist.

Dabei geht es vor allem um die Frage, wie man das Evangelium in einem gegebenen kulturellen Umfeld und in einer bestimmten Zeitepoche der Geschichte zur Geltung bringen kann. Zwar ist die Beantwortung hiervon praktischer als die Erörterung lehrmäßiger Überzeugungen, aber zugleich auch weitaus theologischer als die Frage, welche Dienste die Kirche anbieten sollte. Als Analogie zieht Keller die Funktionsweise von Computern heran, bei der sich zwischen der Hardware (Theologie) und der Software (Praxis) eine Middleware (Kontext) befindet. Gott offenbart sich nicht in einem Vakuum, sondern stets im konkret kulturell-historischen Rahmen. Dies wird laut Keller und Lints häufig ignoriert oder übersehen. Keller fordert ein Nachdenken darüber, an welchen Stellen und wie man die Kultur infragestellen oder bekräftigen kann und bemerkt, dass die Sichtweise auf und der Umgang mit Kultur, Vernunft und Tradition implizit zu sehr verschiedenen theologischen Visionen führt.

> „Die Auffassung zu Kultur, Vernunft und Tradition hat Einfluss auf unser Verständnis der Schrift. Und selbst wenn drei Pastoren dieselben lehrmäßigen Überzeugungen haben, führen verschiedene Meinungen über Kultur, Vernunft und Tradition zu sehr unterschiedlichen Gemeindepraxen.“[179]

Das bloße Kopieren eines erfolgreichen Kirchenmodells wie Willowcreek oder Vineyard kann für Keller folglich nicht sinnvoll sein, da selbst innerhalb einer Nation die kulturellen Eigenheiten stark variieren. Erforderlich ist vielmehr ein eigenständiges Entwickeln der theologischen Vision, je nachdem in welcher Kultur man zuhause ist. Allerdings führt Keller aus, dass dies auch deswegen nicht leicht fällt, da die Extreme von Über- und Unterkontextualisierung vermieden werden müssen. Bei über-

---

[178] Richard Lints, a.a.O. Fn. 176.
[179] Timothy J. Keller. *Center Church: Doing Balanced, Gospel-Centered Ministry in Your City*, a.a.O. Fn. 79, S. 19.

kontextualisierten Ausdrucksformen von Kirche wird der Inhalt des Glaubens relativiert, während bei unterkontextualisierten Ausdrucksformen die Menschen nicht nur richtigerweise mit der Botschaft des Evangeliums konfrontiert werden, sondern unnötigerweise zusätzlich mit den kulturell leider oftmals befremdlichen Eingenarten der jeweiligen Christen.

Auch bei dieser Dreiteilung wendet Keller den Triperspektivismus an und unterscheidet normative, situative und existenzielle Aspekte, die letzten Endes jede Kirche ausmachen und definieren. Die Theologie als lehrmäßiges Fundament (engl. "doctrinal foundation") bildet den normativen Aspekt. Die Anwendung dessen auf den kulturell-historischen Kontext formt die theologische Vision und bildet den situativen Aspekt. Dies wirkt sich zuletzt auf die Praxis in Form von Gemeindediensten (engl. "ministry expression") aus, welche den existenziellen Aspekt abbildet.

N. **Theologie:** Zeitlose Wahrheiten der Schrift   *– Was man glaubt.*

S. **Kontext:** Zeitgemäß-kulturelle Neudarstellung   *– Wie man wahrnimmt.*

E. **Praxis:** Ausdrucksformen einer Kirche   *– Was man tut.*

Die theologische Vision erwächst zwar aus dem lehrmäßigen Fundament, enthält aber darüber hinaus Auffassungen über und Sichtweisen auf Kultur, Tradition und den menschlichen Verstand, die nicht von der Schrift vorgegeben sind. Bildlich ausgedrückt hat jeder Mensch gewisse Filter, die dann zum Tragen kommen, wenn man die Wahrheiten der Bibel anwenden möchte. Diese häufig unbewussten Filter werden also beim Übergang der untersten Ebene, der Theologie, zur Zwischenebene, der theologischen Vision, aktiv. Folgende Fragen geben Aufschluss über unsere Filter und nehmen maßgeblich Einfluss auf die theologische Vision:

- Welchen Blick haben wir auf die menschliche Kultur und darauf, wie sie uns und die Menschen, die wir erreichen wollen, formt?
- Welchen Blick haben wir auf unsere Tradition und wie diese bewahrt bzw. weiterentwickelt werden sollte?
- Welchen Blick haben wir auf den menschlichen Verstand und dessen Beziehung zur Offenbarung Gottes?
- Welchen Blick haben wir auf die Schrift, ihre Verlässlichkeit und wie sie in unserer Zeit und für unseren Ort interpretiert werden sollte? Lesen wir synchron oder diachron? Gibt es innerhalb der Schrift persönliche Lieblingsthemen oder -lehren?
- Was ist unser Temperament als Leiter und wie beeinflusst dies die obigen Faktoren?
- In welcher kulturellen Jahreszeit befinden wir uns bezüglich der Beziehung von Kirche zur dominanten Kultur? Dies bezieht sich auf Richard Niebuhrs Arbeit zu diesem Thema, bei der er einen Zyklus von vier Jahreszeiten bei der Beziehung von Kirche und Kultur beobachtet. Dabei kennzeichnet der Winter eine vorchristliche Kultur, die von Feindseligkeit geprägt ist. Im Frühling ist die Kirche zwar kulturell umkämpft aber stetig wachsend, während sie im Sommer von der Kultur geehrt und hoch angesehen wird. Im Herbst verliert die Kirche an kulturellem Ansehen und erlebt zunehmende Marginalisierung.[180]

Die Beantwortung dieser Fragen gibt Aufschluss darüber, wie wir unsere Umwelt wahrnehmen und bildet damit das Herz unserer theologische Vision. Aus dieser folgen im letzten Schritt die entsprechenden Ausdrucksformen des geistlichen Dienstes.

Die theologische Vision, also der Kontext von Kirchen und somit der situative Aspekt, gliedert sich für Keller in drei Hauptpunkte, die man auch als Dimensionen eines Koordinatensystems darstellen kann. Entsprechend der Besonderheit des Triperspektivismus, einzelne Perspektiven stets weiter zerlegen zu können, kann man die folgenden drei Hauptpunkte wiederum als normative, situative und existenzielle Aspekte des Kontextes von Kirchen begreifen und hätte somit eine weitere Zerlegung des situativen Aspekts.

---

[180] H. Richard Niebuhr. Toward the Independence of the Church. In *The Church Against The World*. Chicago: Willet, 1935.

1) **Evangelium:** *Jede Kirche ist herausgefordert, in jeder Generation und in jedem Milieu Wege zu finden, das Evangelium klar und eindringlich zu kommunizieren und gegen seine Alternativen und Fälschungen abzugrenzen. Die zu vermeidenden Extreme sind Religiösität und Werkegerechtigkeit auf der einen und Relativismus und Irreligiösität auf der anderen Seite.* (normativ)

2) **Stadt:** *Jede Kirche ist herausgefordert, ihre lokale und soziale Umgebung und Kultur zu verstehen, zu lieben und sich mit ihr zu identifizieren, ohne allerdings davor zurückzuschrecken, sie gleichzeitig zu kritisieren und herauszufordern. Unterkontextualisierte Kirchen können nichts Lobenswertes an ihrer Umgebung finden und kritisieren ausschließlich, während überkontextualisierte Kirchen voll des Lobes für ihre Umgebung sind und nichts Kritikwürdiges an ihr finden.* (situativ)

3) **Bewegung:** *Jede Kirche ist herausgefordert, mit anderen Kirchen oder Organisationen Gemeinsamkeiten zu finden und für das Wohl ihrer Umgebung zusammenzuarbeiten. Eine zu starke Identifizierung mit der eigenen Tradition oder Denomination, häufig einhergehend mit starren und autoritären Strukturen, verhindert dies und führt zur Isolierung einzelner Kirchen. Das andere Extrem, nämlich ein völlig von jeglicher Tradition losgelöstes, autonomes Existieren, einhergehend mit ausschließlich informellen und fließenden Strukturen führt zum Verlust der einzigartigen Identität und des Auftrags von Kirche auf Erden.* (existenziell)

Ausgewogenheit ist wichtig, um sich möglichst im Zentrum der drei Achsen anzusiedeln. Keller stützt sich auf Studien, die belegen, dass in Zeiten der Erweckungen die Kirchen eine außerordentliche Balance innerhalb aller Achsen aufweisen.[181] Im Detail erinnert Keller bezüglich der ersten Achse daran, dass schon Lloyd-Jones vor einer „toten Rechtgläubigkeit" gewarnt hat. Die Präsentation des Evangeliums als etwas völlig anderes als Werkegerechtigkeit oder Relativismus ist daher von Bedeutung. Die Achse der Stadt beschäftigt sich mit dem kulturellen Kontext, wobei die Perspektive auf Kultur entscheidend ist. Es sollte von den Extremen Abstand genommen werden, die Kultur unreflektiert zu übernehmen oder aber überkritisch zu verteufeln. Die Betonung der allgemeinen Gnade im Sinne der holländischen Theologen Bavinck und Kuyper ist hier von Bedeutung (vgl. S. 35). Die letzte Achse gibt Aufschluss über die Organisation der Kirche: autoritär hierarchisch oder kooperativ gemeinschaftlich, starr oder organisch strukturiert.

---

[181] Richard Lovelace, a.a.O. Fn. 78

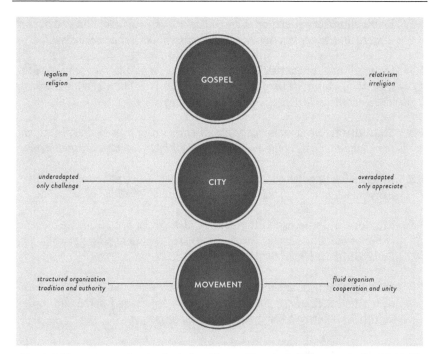

Die drei Dimensionen der theologischen Vision. Timothy J. Keller, a.a.O. Fn. 79, S. 23

Eine weitere Untergliederung liefert der theologischen Vision acht Elemente, die den Kern der Gemeindegründung in New York bilden und als Vorbild für andere Großstadtgemeinden dienen können. Dabei sind die Elemente jeweils dem Oberpunkt Evangelium, Stadt und Bewegung zugeordnet. Sie sollen hier der Vollständigkeit halber erwähnt werden, ohne dass im Detail darauf eingegangen werden kann. Diese acht Elemente[182] bilden den Inhalt von *„Center Church"* und stellen die Weiterentwicklung der von Keller 2001 geschriebenen Erörterung über das Wesen einer *„missionalen Kirche"* dar.[183]

1-E. **Evangeliumstheologie:** *Sich bemühen, anstatt von lehrmäßiger Oberflächlichkeit, Pragmatismus, Unreflektiertheit und methodengetriebener Philosophie, von einer evangeliumstheologischen Tiefe charakterisiert zu werden.*

---

[182] Timothy J. Keller, a.a.O. Fn. 79, S. 24f.
[183] Timothy J. Keller; Redeemer Presbyterian Church (Hrsg.). *The Missional Church.* 2001   URL: http://download.redeemer.com/pdf/learn/resources/Missional_ Church-Keller.pdf.

2-E. **Evangeliumserneuerung:** *Den Gnadenaspekt auf alles anwenden, um Gesetzlichkeit oder kalten Intellektualismus im Dienst zu verhindern.*

3-S. **Evangeliumskontextualisierung:** *Sensibel der Kultur gegenüber sein, anstatt die kulturelle Umgebung zu ignorieren oder kulturelle Unterschiede einzelner Menschengruppen nicht wahrzunehmen.*

4-S. **Stadtvision:** *Die Stadt liebende praktische Dienste entwickeln, anstatt eine feindliche oder gleichgültige Haltung der Stadt gegenüber einzunehmen.*

5-S. **Kulturelles Engagement:** *Kulturell engagiert sein und sowohl triumphalistische wie auch zurückgezogene, subkulturelle Attitüden vermeiden.*

6-B. **Missionale Gemeinschaft:** *Jeder Teil der Kirche hat einen Außenfokus, erwartet die Anwesenheit von Nichtchristen und unterstützt gewöhnliche Gemeindeglieder in ihrem Dienst in der Welt.*

7-B. **Integrativer Dienst:** *In Wort und Tat aktiv sein und helfen, den geistlichen und körperlichen Bedürfnissen der Armen und derer, die in den kulturellen Zentren leben und arbeiten, zu begegnen.*

8-B. **Bewegungsdynamiken:** *Eine Haltung der Bereitschaft haben, mit anderen Kirchen und Organisationen für das Wohl der ganzen Stadt zusammenzuarbeiten, und dabei nicht argwöhnisch und revierkämpferisch zu sein.*

Zusammenfassend muss betont werden, dass Keller mit der theologischen Vision als Zwischenebene mehrere Ziele verfolgt.[184] Zum einen geht es ihm darum, die klassische evangelikale Theologie zu schützen. Das Aufzeigen dessen, dass die Formen, Stile und Besonderheiten von Kirchen und Gottesdiensten nicht primär durch deren Theologie geprägt werden, bewahrt vor dem gefährlichen Umkehrschluss, dass nur durch das Streichen von unpopulären Lehren, wie dem stellvertretenden Sühneopfer, der juristischen Rechtfertigung, die Irrtumslosigkeit der Schrift oder Gottes Heiligkeit und Zorn, eine Kirche kulturelle Relevanz erzielen kann. Dass dies ein Trugschluss ist, zeigt das Beispiel der RPC, die durchweg traditionell, konservativ-presbyterianisch, gleichzeitig aber durch ihre theologische Vision eine der kulturell einflussreichsten Kirchen in der New Yorker Großstadt ist. Weiter ist es Kellers Anliegen

---

[184] Timothy J. Keller; Timothy Keller Blog (Hrsg.). *Ministry in the Middle Space.* 2012 URL: http://www.timothykeller.com/blog/2012/8/31/ministry-in-the-middle-space – Zugriff am 29.07.2015.

aufzuzeigen, dass die kulturelle Verbundenheit zu einer bestimmten Ära tiefgreifende Einflüsse auf die Praxis der Kirche nehmen kann.

„Hat man beispielsweise eine geringe Meinung bezüglich der zeitgenössischen Kultur, aber achtet die Ära der Puritaner sehr, so führt dies zu einer stark verschiedenen theologischen Vision und somit zu einer völlig anderen Ausrichtung der Kirche."[185]

7.1 Kultur und Evangelium

Nachdem deutlich geworden ist, wie stark die theologische Vision bewusst oder unbewusst die Methodologie und Praxis von Kirche bestimmt, dabei zugleich aber selbst maßgeblich von der Haltung zur Kultur beeinflusst ist, gilt es, die Perspektive von Piper und Keller auf ebendiese zu betrachten.

Eine Definition von *Kultur* vorzunehmen ist kein einfaches Unterfangen, trugen doch Kroeber und Kluckhohn schon 1963 mehr als 160 verschiedene Definitionen zusammen.[186] Es geht bei dem Kulturbegriff um das Selbstverständnis und die vorherrschende Weltanschauung einer bestimmten Zeitepoche. So wird im Cambridge English Dictionary Kultur als *„die Lebensart, insbesondere allgemeine Bräuche und Sitten einer bestimmten Volksgruppe zu einer bestimmten Zeit"* definiert.[187]

Dieser „Zeitgeist" beinhaltet Überzeugungen, die als derart selbstverständlich gelten, dass sie im Diskurs innerhalb einer Gesellschaft als universale Wahrheiten vorausgesetzt werden. Somit operieren Kulturen in gewissem Sinne auf der Basis konkreter Glaubensüberzeugungen, welche aber als nicht hinterfragbare Realitäten wahrgenommen werden. Diese als allgemein gültig betrachteten kulturellen Wahrheiten stellen Präsuppositionen dar, welche die Sinnfragen des Lebens beantworten und einer Gesellschaft erstrebenswerte Ideale und Ziele vorgeben. Die Summe aller dieser Wahrheiten werden *kulturelle Narrative* genannt und können sich in einer Gesellschaft im Laufe der Zeit ändern. Nach den Studien von Professor Delbanco sind kulturelle Narrative notwendig, um

---

[185] Timothy J. Keller; Timothy Keller Blog (Hrsg.), a.a.O. Fn. 183.
[186] Alfred Kroeber/Clyde Kluckhohn. *Culture. A Critical Review of Concepts and Definitions.* New York City: Vintage Books, 1963.
[187] Cambridge English Dictionary (Hrsg.). *Cambridge Dictionaries Online: Culture.* 2015 URL: http://dictionary.cambridge.org/dictionary/british/culture – Zugriff am 29.07.2015 – Eine genaue Erörterung des Kulturbegriffs ist nicht Gegenstand dieser Arbeit, weshalb mit dieser Definition weitergearbeitet werden soll.

dem menschlichen Leben Hoffnung, Bedeutung und einen Sinn geben zu können.[188]

In der Literatur werden verschiedene Möglichkeiten aufgezeigt, welcher Art die Beziehung von Christen zur Kultur sein kann. Zu nennen ist als Referenz *"Christ and Culture"* von Niebuhr[189] Aktuelle Ausarbeitungen zu dem Thema, wie von Carson[190] oder Hunter[191] greifen stets auf die Modelle Niebuhrs zurück. Bezugnehmend auf die vorhandenen Modelle hat Keller ein Zusammenrücken der Modelle und Positionen beobachtet[192] und fasst Niebuhrs Modelle zu vier verschiedenen zusammen[193] (vgl. die nächste Grafik unten):

1) **Modell der Transformation:** *Christen verändern die Kultur, indem sie ihren Beruf aus einer explizit christlichen Weltanschauung heraus verfolgen.*

2) **Modell der Relevanz:** *Gottes Geist wirkt an der Kultur, um sein Königreich zu fördern.*

3) **Modell der Gegenkultur:** *Gott arbeitet lediglich an der Kirche, die eine Gegenkultur bildet.*

4) **Modell der Zwei Königreiche:** *Gott regiert über sein „gewöhnliches Königreich", nämlich der ganzen Schöpfung, durch natürliche Offenbarung und allgemeiner Gnade. Über sein „erlöstes Königreich" hingegen regiert er durch besondere Offenbarung und spezielle Gnade.*

---

[188] Andrew Delbanco. *The Real American Dream: A Meditation on Hope.* New Haven: Harvard University Press, 1999 – Eine Untersuchung, wie sich die kulturellen Narrative der USA von „Gott" über „Nation" zu „Selbst" verändert. Das erste Narrativ ist eine religiöse, die im 17. Jahrhundert die religiöse Freiheit und Treue zu Gott betont. Sie wird Mitte des 19. Jahrhunderts von der Idee abgelöst, die großartigste Nation der Welt zu sein. Seit dem 20. Jahrhundert wiederum ist Selbsterfüllung das Hauptnarrativ.

[189] H. Richard Niebuhr. *Christ and Culture.* New York: Harper, 1956 – Niebuhr legt fünf Modelle dar, wie Christen mit der Kultur umgehen können: (1) Opposition, (2) Übereinstimmung, (3) Überlegenheit, (4) Widerspruch und (5) Reformation.

[190] Donald A. Carson. *Christ and Culture Revisited.* Grand Rapids, Michigan: Eerdmans, 2008.

[191] James Hunter. *To Change The World: The Irony, Tragedy, and Possibility of Christianity in Late Modernity.* New York: Oxford University Press, 2010.

[192] Timothy J. Keller; Timothy Keller Blog (Hrsg.). *Coming Together on Culture.* 2011 URL: http://www.timothykeller.com/blog/2014/4/17/coming-together-on-cultu re-part-1-theological-issues?rq=christ%20and%20culture – Zugriff am 29.07.2015.

[193] Timothy J. Keller. *Center Church: Doing Balanced, Gospel-Centered Ministry in Your City,* a.a.O. Fn. 79, S. 194–217.

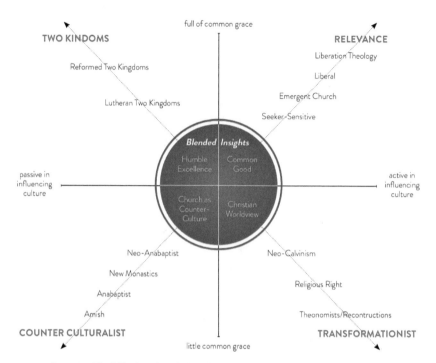

Die vier Modelle des christlichen kulturellen Engagements verdeutlicht entlang der Achsen von allgemeiner Gnade und kulturellem Einfluss. Es werden nur zeitgenössische Gruppen erfasst.[194]

Keller schließt sich keinem Modell an, aber betont die Wichtigkeit dieser Modelle, da jedes Modell bestimmte biblische Wahrheiten und Motive vertritt und weil jedes Modell für sich der Komplexität des Schriftbefundes nicht gerecht wird. Durch die Begrenzungen helfen Modelle dabei, in keine Extremposition zu verfallen, so Keller. Er befürwortet und ermutigt, die besten Einsichten aller Modelle zusammen zu nutzen. Entsprechend relevant ist der zentrale Kreis in der obigen Abbildung. Allein aus dieser Fülle an Details kann geschlossen werden, dass Keller der Kultur einen hohen Stellenwert in seiner theologischen Vision einräumt und ihr nicht rein negativ begegnet. In einer Analyse von Kellers Predigten und Büchern kommt Kravtsev zu der Schlussfolgerung, dass Keller Kultur ganzheitlich betrachtet von der Warte des biblischen

---

[194] Timothy J. Keller. *Center Church: Doing Balanced, Gospel-Centered Ministry in Your City.* Grand Rapids, Michigan: Zondervan and Redeemer City To City, 2012, S. 231.

Metanarrativs betrachtet.[195] Somit ist Kultur für Keller gottgewollt und damit intrinsisch gut, auch wenn sie sich durch den Sündenfall in einem gefallenen Zustand befindet. Schließlich ist „Kultur" ein von Gott in *Gen* 1,28 und *Gen* 2,15 vor dem Sündenfall verordneter Akt des Bearbeitens und Formens von Rohmaterial, so dass das volle Potenzial der Schöpfung zur Blüte und zum Wohl der gesamten Menschheit erwachsen kann, auch wenn dies erst im Paradies realisiert werden wird. Da Kultur für Keller nicht an sich sündhaft ist, sondern durch sündhafte Menschen missbraucht werden kann und wird, kann Kultur errettet werden, nämlich durch Bekehrung und eine richtige Beziehung mit Christus. Auch im Paradies wird der Kulturauftrag durchaus Bestand haben. Somit ist für Keller individuelle Errettung ebenfalls zentral:

> „Ich denke, dass individuelle Errettung zentral sein muss. In *Röm* 8, spricht Paulus über die Erneuerung der Schöpfung, ihre Erlösung vom Verfall. Dies zeigt, dass Gottes Errettung die Erneuerung der ganzen Erde bedeutet und nicht nur die Errettung von individuellen Seelen. Dennoch sagt Paulus in *Röm* 8,21, dass die Schöpfung zur Freiheit der Herrlichkeit der Kinder Gottes befreit wird, also der Herrlichkeit, die wir als Individuen durch Glauben an Jesus Christus erhalten haben."[196]

Die Verweise Pipers auf Kultur sind nicht sehr zahlreich. Eine direkte Abhandlung über den Christen und die Kultur findet sich als Blog-Artikel[197] und spricht primär über den Verfall der Kultur in Amerika. Piper vergleicht die kulturelle Verlagerung mit Sodom und davon, dass Christen nicht überrascht sein sollten, da wir ja Exilanten auf Erden sind und diese Kultur nicht die unsere ist.

Kravtsev, der Pipers Predigten und Bücher analysiert hat, stellt nach der Durchsicht von Predigtmanuskripten von 1971–2014 fest, dass Piper der Kultur zumindest in seinen Predigten weitestgehend gleichgültig gegenübersteht. Einen möglichen Grund sieht er darin, dass Kultur aus Pipers Sicht als Teil der geschaffenen Ordnung keinen Wert an sich

---

[195] A. Kravtsev. Culture and the Gospel in the Preaching of Timothy Keller and John Piper: A Comparative Study. *Intercultural Communication at Trinity Evangelical Divinity School* (2014), S. 6.

[196] Trevin Wax; The Gospel Coalition (Hrsg.). *Gospel, Culture, and Mission: An Interview with Tim Keller.* 2012 URL: http://www.thegospelcoalition.org/blogs/trevinwax/ 2012/10/10/gospel-culture-and-mission-an-interview-with-tim-keller/ – Zugriff am 29.07.2015.

[197] John Piper. *Taking the Swagger Out of Christian Cultural Influence.* Desiring God, 2003 URL: http://www.desiringgod.org/articles/taking-the-swagger-out-of-christian-culturalinfluence – Zugriff am 29.07.2015.

besitzt, weil schließlich alles zur Verherrlichung Gottes und nicht für sich selbst existiere.[198] Erwähnungen von Kultur sind in Pipers Predigten laut Kravtsev hauptsächlich negativ konnotiert und beschäftigen sich mit Relativismus, Abtreibung und Selbstgerechtigkeit. Kravtsev behauptet nicht, dass Piper der materiellen Welt den Wert abspricht, interpretiert aber, dass durch die starke Gewichtung der Souveränität Gottes[199] wenig Anlass besteht, die Menschen aufzufordern, die Welt wieder im Sinne Gottes aufzubauen.[200]

Anhand dieser Tatsachen und aufgrund dessen, dass in Pipers Werken weder eine Betonung von allgemeiner Gnade noch von Einflussnahme auf die Kultur ausgemacht werden kann, müsste man vermuten, dass Piper am ehesten in das *„Modell der Gegenkultur"* einzuordnen ist.

7.2 Kommunikation und Kontextualisierung

Dieser Abschnitt befasst sich mit der Art und Weise, wie Tim Keller und John Piper in ihren jeweiligen Kontexten das Evangelium kommunizieren. Dabei ist die strittige Frage, ob es legitim ist, biblische Wahrheiten in den jeweiligen kulturellen Kontext zu „kontextualisieren". Die evangelikale Welt ist bezüglich dieser Frage gespalten. Bekannte Prediger wie *John MacArthur* sind expressis verbis Gegner von Kontextualisierung und unterstellen den Fürsprechern nicht nur fehlerhafte Bibelauslegung, sondern fragen provokant: *„Woher haben einige Christen bloß die Idee, man könne die Welt für Christus gewinnen, indem man die Welt imitiert?"*[201] Damit implizieren sie mangelnde Heiligung und unterstellen jenen Christen quasi einen sündhaften Lebensstil.

---

[198] Allerdings würde das den Menschen einschließen, der sehr wohl einen großen Stellenwert in Pipers Werken hat. Diese Erklärung Kravtsevs finde ich nicht befriedigend. Man könnte mutmaßen, dass hier puritanische Prägung und Eschatologie eine tragende Rolle spielen.

[199] Tatsächlich ist hier eine gewisse Übergewichtung bei Piper festzustellen. Auch wenn die Verantwortung des Menschen Erwähnung findet, fährt Piper nicht damit fort, eine Theologie von Arbeit und Beruf, Kunst oder Unterhaltung, Wissenschaft und kultureller Erneuerung zu entwickeln, wie dies bei Keller geschieht. Damit bleibt der Aspekt der Verantwortung des Menschen eher fragmentarisch statt ganzheitlich, während die Souveränität Gottes in allen Facetten auf beeindruckende Weise ausgemalt wird.

[200] A. Kravtsev, a.a.O. Fn. 193, S. 12.

[201] John MacArthur. *All Things to All Men.* Grace To You, 2011 URL: http://www.gty. org/resources/Blog/B110902 – Zugriff am 08.01.2016.

Anhand dieser Frage wird schon deutlich, wie polemisch und auch inhaltlich umkämpft die Frage nach Kontextualisierung ist. Dabei haben wir es mit einem ambivalenten Begriff zu tun, der eine Vielzahl an konträren Definitionen oder Auffassungen mit sich bringt. Dies stellt auch *Mark Dever* heraus und kontrastiert falsche Praktiken mit richtigen. Es geht bei Kontextualisierung weder darum, die eigene Vorliebe bestimmter Popkulturen zu bedienen, noch den Weltanschauungen der Welt nachzugeben und ihnen zu schmeicheln. Vielmehr schreibt Dever:

> „Biblische Kontextualisierung (siehe *1 Kor* 9,1-23) bedeutet, von kulturellen Praktiken Abstand zu nehmen, welche die Mitmenschen aufrichtig verärgert, mit dem Ziel, alle unnötigen Anstöße von dem Evangelium zu entfernen. Bei Kontextualisierung geht es vornehmlich nicht so sehr darum, die Kirche schick herauszuputzen, so dass sie dem Geschmack einer bestimmten Bevölkerungsgruppe entspricht, sondern darum, für Menschen anderer Kulturkreise anstößige kulturelle Bräuche und Sitten aufzugeben, damit wir sie nicht von dem eigentlichen Anstoß des Evangeliums ablenken."[202]

Entsprechend sind dem Kontextualisieren biblische Grenzen gesetzt, die sich in Zielsetzung und Maß festlegen lassen, woran sich aber nicht alle halten. Treffend schreibt Whiteman: *„Eine (...) Funktion von Kontextualisierung (...) ist es, ein Anstoß zu sein, aber nur um der richtigen Gründe willen und nicht der falschen."*[203] Damit spielt er darauf an, dass gute Kontextualisierung den unnötigen Ballast von kulturellen Prägungen von der eigentlichen biblischen Botschaft herausdestilliert und somit den Fokus ausschließlich auf den Anstoß des Kreuzes und der Evangeliumsbotschaft legt.

Hier hat die Kirche in den vergangenen Epochen viel Schaden angerichtet, und christliche Mission wird häufig zurecht dafür kritisiert, dass sie neben dem christlichen Glauben auch die eigene Kultur exportiere und aus anderen Nationen Europäer oder Amerikaner zu machen suche. Wir sind problematischerweise nämlich alle blind für die Bräuche und Sitten der eigenen Kultur, so dass wir sie nicht als kulturelle

---

[202] Mark Dever; 9Marks (Hrsg.). *Why are so many church leaders today talking about contextualization?* URL: http://9marks.org/answer/why-are-so-many-church-leaders-today-talkingabout-contextualization/ – Zugriff am 09.01.2016.

[203] Darrell L. Whiteman; Seattle Pacific University (Hrsg.). *Contextualization: The Theory, The Gap, The Challenge.* 1996 URL: http://spu.edu/temp/denuol/context.htm – Zugriff am 08.01.2016.

Eigenarten, sondern als ideale Normen identifizieren.[204] Schlecht kontextualisiertes Christentum[205] stößt Menschen nicht aufgrund biblischer Inhalte vor den Kopf, sondern durch oftmals von den Christen unbewusst gelebte kulturelle Normen, die für andere Kulturen höchst anstößig sind. Damit kann der christliche Glaube nicht einmal kommuniziert werden.

Dies mag nach einem Problem klingen, welches ausschließlich für Missionare von Interesse ist. Dieser Schein trügt. Zum einen haben Christen in westlichen Ländern über Jahrzehnte eine eigene (Sub-)Kultur geschaffen, in der sie nach wie vor ganz selbstverständlich leben. Diese in den Metropolen des 21. Jahrhunderts gelebte Subkultur ruft Unverständnis bei Mitmenschen anderer Weltanschauungen hervor, ohne dass dies konkrete Glaubensinhalte oder Moralvorstellungen betreffen muss. Zum anderen leben im Zuge der Globalisierung Menschen verschiedenster Nationalitäten und Kulturen vor allem in Städten eng zusammen, so dass man sich den Weg in ferne Länder sparen kann. Die globale Flüchtlingskrise angesichts des IS ist hierfür ein aktuelles Beispiel, bei dem auf einen Schlag Millionen Menschen anderer Kulturen in Deutschland oder der Türkei zuhause sind. Keller kritisiert daher zurecht, dass die westliche Kirche oftmals unbewusst an der „weißen" Kultur und denselben Methoden und Erwartungen der christianisierten Welt vor einigen Jahrhunderten festhält. Dies ist eine Ursache dafür, dass Kirchen als weltfremd und lebensfern empfunden werden, obwohl die Botschaft des Evangeliums zeitlos und stets aktuell ist, sie muss lediglich passend übersetzt werden.[206]

Auch wenn es im Rahmen dieser Arbeit um einen Vergleich beider Protagonisten, nicht aber um eine biblische Analyse ihrer Methoden und Überzeugungen geht, soll an dieser Stelle dennoch knapp untersucht werden, inwiefern die Bibel selbst Kontextualisierung legitimiert oder verweigert. Diese Frage kann hier nicht erschöpfend behandelt werden und daher wird hier auch auf ausführlichere Fachliteratur verwiesen.[207]

---

[204] Timothy J. Keller. *Center Church: Doing Balanced, Gospel-Centered Ministry in Your City*, a.a.O. Fn. 79, S. 96.

[205] Im weiteren Verlauf wird aufgezeigt, dass Kontextualisierung niemals vermieden werden kann. Nicht kontextualisieren heißt schlecht kontextualisieren, da man unbewusst eine Kultur zum Standard erhebt.

[206] Timothy J. Keller; Redeemer Presbyterian Church (Hrsg.). *The Missional Church*, a.a.O. Fn. 182.

[207] Donald A. Carson (Hrsg.). *Biblical Interpretation and the Church: Text and Context*. 1984 URL: http://jakarta-city-care.synthasite.com/resources/D.A.%20Carson%20-%20Biblical%20Interpretation%20and%20the%20Church.pdf – Zugriff am 08.01.2016.

Grundlage für Kontextualisierung

Vorweg soll herausgestellt werden, dass die Arbeitsdefinition für Kontextualisierung in diesem Rahmen folgende ist: Kontextualisierung berücksichtigt den jeweiligen kulturellen Kontext zur effektiveren Kommunikation des Evangeliums.[208]

> „Es beschreibt den Prozess, das Evangelium und die Kirche in dem jeweiligen kulturellen Kontext so weit wie möglich zu verankern. Die Frage für jeden Gläubigen und jede Kirche ist nicht, ob wir kontextualisieren, sondern ob wir gut kontextualisieren."[209]

Die primäre Grundlage für Kontextualisierung findet sich in der Inkarnation von Jesus Christus. Um die Menschen zu erreichen, wählt Gott in seiner Souveränität den Weg, Mensch zu werden (*Phil* 2,5-8). Dies nehmen Theologen zum Anlass, auch davon zu sprechen, dass Gott der erste Missionar ist.[210] Schon unmittelbar nach dem Sündenfall verspricht er Rettung und geht dem Menschen seitdem nach, um ihn zu sich zurückzuholen. Um uns überhaupt retten zu können, muss Christus als Mensch in Fleisch und Blut gesendet werden (*Hebr* 2,14-18). Mehr noch, Jesus wird Mensch in einem konkreten kulturellen Kontext zu einer bestimmten Zeit in der Menschheitsgeschichte; nämlich im palästinischen Judentum[211] des ersten Jahrhunderts. Dafür gibt Christus alle seine göttlichen Privilegien auf und wird ein Diener, uns zum Vorbild (*1 Petr* 2,18-24).

Im Rahmen des Missionsbefehls von Jesus (*Mt* 28,18-20) gilt es, das Evangelium zu allen Enden der Welt zu bringen. Paulus gibt uns in seinen Briefen ein Vorbild, wie dies erfolgen kann (*1 Kor* 9,1-27). Darin folgt er der Inkarnation Christi insofern, als dass auch er alle seine Rechte und Privilegien aufgibt, die ein Hindernis für das Evangelium darstellen könnten (*1 Kor* 9,12b). Paulus beschreibt den Korinthern detailliert, wie er alles für alle Menschen wurde, um einige durch das Evangelium zu retten

---

[208] Bei einer Überbetonung der Souveränität Gottes auf Kosten der Verantwortung des Menschen, kann diese Definition natürlich auf Unverständnis stoßen.

[209] 9Marks (Hrsg.). *Putting Contextualization in its Place.* URL: http://9marks.org/arti cle/putting-contextualization-its-place/ – Zugriff am 09.01.2016; Juan Sanchez; The Gospel Coalition (Hrsg.). *To Contextualize or Not to Contextualize: That is NOT the Question.* 2009 URL: http://www.thegospelcoalition.org/article/to-contextualize-or-not-tocontextualize-that-is-not-the-question – Zugriff am 08.01.2016.

[210] Thomas Schirrmacher. *Weltmission - Herz des christlichen Glaubens.* Bonn: VKW, 2001, S. 20.

[211] Diese historisch unpräzise Bezeichnung soll lediglich der geographischen Zuordnung dienen.

und auch selber am Segen des Evangeliums teilzuhaben (*1 Kor 9,22b-23*).
Aber Paulus macht auch deutlich, dass bei all dem Bemühen, sich mit
seiner jeweiligen Zielgruppe zu identifizieren, seine Handlungen durch
das Gesetz Christi festgelegt sind und damit keinen Raum für Sünden
jeglicher Art lassen (*1 Kor 9,21*). Das ist wichtig zu betonen, auch um der
häufig geäußerten Sorge oder Polemik zu begegnen, die Kirche würde
durch Kontextualisierung *„wie die Welt werden"*. Dies ist nicht der Fall,
vielmehr folgt Paulus auch hier dem Beispiel Christi, der in eine gefallene
Welt zu verdorbenen, sündigen und Gott feindselig gesinnten Menschen
kommt, dabei jedoch selber sündlos bleibt und seine Handlungen nicht
anpasst. Daher muss zwischen Kontextualisierung und Marketing unterschieden werden, wie auch der Missiologe David Sills feststellt.[212] Bei
letzterem geht es eher darum, *„hip"* zu sein und das Christentum der
Kultur anzupassen, bei ersterem darum, das Evangelium ungehindert zu
kommunizieren. Somit richtet sich die Kritik von Evangelikalen wie
MacArthur eigentlich nicht gegen Kontextualisierung, sondern berech-
tigterweise gegen Marketing.

Ein konkretes Beispiel, was es heißt, sich mit seiner Zielgruppe zu
identifizieren, gibt uns Paulus, als er Timotheus beschneiden lässt, um bei
der Verkündigung des Evangeliums den Juden keinen Anstoß zu bieten
(*Apg 16,1-5*). Und das, obwohl Paulus noch zuvor die Beschneidung unter
den Galatern scharf kritisiert (*Gal 5,1-15*). Paulus widerspricht sich hier
nicht etwa, sondern die Motivation hinter der Tat ist entscheidend.
Während es den Galatern darum geht, nach ihrer Umkehr zu Christus
nun durch Befolgung des Gesetzes gerecht zu werden (*Gal 5,4*), hat Paulus
lediglich die Absicht, allen zusätzlichen Anstoß unter den Juden zu
vermeiden (*Apg 16,3*), um den Anstoß des Evangeliums um so klarer bei
den Missionsreisen wirken zu lassen. Schließlich ist Timotheus Halb-
grieche und sein Umgang mit Juden daher problematisch. Ein anderes
Mal folgt Paulus dem Rat der Gemeindeältesten in Jerusalem und nimmt
aktiv an einer Nasiräerzeremonie teil, wie sie im Gesetz des AT verordnet
ist (*Num 6,1-21*), um damit die Gerüchte zu entkräften, er lehre den Abfall
vom mosaischen Gesetz (*Apg 21,17-26*). Um seine Loyalität heraus-
zuheben zahlt er auch die Kosten für vier weitere Männer, die ebenfalls
unter einem Nasiräergelübde stehen (*Apg 21,23-26*). Daraus kann implizit
geschlussfolgert werden, dass die ersten Christen in Jerusalem nicht
prinzipiell alle jüdischen Rituale ablehnen und ihre volle Freiheit vom

---

[212] Reaching & Teaching (Hrsg.). *Reclaiming Contextualization*. 2009 URL:
http://davidsills.blogspot.de/2009/05/reclaiming-contextualization.html – Zugriff am 15.01.2016.

mosaischen Gesetz leben. Statt dessen befolgen sie aus Liebe zum Evangelium und zu ihren jüdischen Mitmenschen weiterhin einige Zeremonialgesetze, obgleich sie in Christus schon erfüllt sind. Anderenfalls liefen sie Gefahr jegliches Ansehen unter den Juden zu verlieren und damit auch ihre Grundlage, das Evangelium zu verbreiten. Hieraus kann erkannt werden, dass schon die ersten Christen sich mit Kontextualisierung auseinandersetzen.

Auch in den Predigten des Apostel Paulus spiegelt sich wieder, dass seine Präsentation des Evangeliums je nach kulturellem Hintergrund seiner Zuhörer variiert und verschiedene Angriffspunkte der jeweiligen Kultur nutzt. Paulus kennt nicht nur das menschliche Herz, sondern auch die jeweilige Religion, Weltanschauung und Philosophie seines Gegenübers sehr genau und wählt dementsprechend seine „*Übersetzung*"[213].

1) **Antiochien:** *Paulus spricht zu Juden, Proselyten und Heiden, die an die Schriften glaubten. (Apg 13,13-43)*

2) **Lystra:** *Paulus spricht zu bäuerlichen, ungebildeten Polytheisten, die an die alten Götter glaubten. (Apg 14,6-26)*

3) **Athen:** *Paulus spricht zu gebildeten Heiden, die nicht an buchstäbliche Götter, sondern verschiedene Philosophien glaubten. (Apg 17,16-34; vgl. S. 107)*

4) **Miletus:** *Paulus spricht zum Abschied zu christlichen Ältesten. (Apg 20,16-38)*

5) **Jerusalem:** *Paulus spricht zu feindseligen Juden. (Apg 21,27 – Apg 22,21)*

6) **Cäsaräa:** *Paulus spricht zur herrschenden Elite; zu Felix, Festus und Herodes Agrippa.(Apg 24,1 – Apg 26,32)*

Kontextualisierung mag heute modern klingen, aber sie ist nicht neu. Jüngste Forschung demonstriert, dass den obigen Ausführungen über Kontextualisierung ausgerechnet der hochgeachtete reformierte Denker, Theologe und Pastor *Jonathan Edwards* folgt, der im Jahre 1751 vorübergehend seine Kirche in Northampton verließ, um in Stockbridge für einige Jahre den Indianern das Evangelium zu predigen.[214] Historiker

---

[213] Einige befürworten inzwischen den Begriff „*Kontextualisierung*" durch das Wort „*Übersetzung*" auszutauschen, auch um Missverständnisse auszuräumen und deutlich zu machen, dass es nicht um eine Veränderung oder Fragmentierung der Theologie geht. So auch der Missionswissenschaftler Timothy Tennant. *Invitation to World Missions: A Trinitarian Missiology for the Twenty-First Century*. Grand Rapids: Kregel Academic & Professional, 2010.

[214] Timothy J. Keller. *How To Preach*. New York City: Penguine Group – Dutton Adult, 2015, S. 101ff.

haben bei der Analyse seiner Predigten überraschend festgestellt, dass zwar die ausgewogene Bandbreite der calvinistischen Theologie nach wie vor den Inhalt ausmacht, Edwards allerdings zu deutlich kürzeren Predigten übergeht. Er nutzt noch nie vorher verwendete Metaphern und Bilder, die besser zu seiner Zuhörerschaft passen und Elemente der indianischen Kultur aufgreifen. Er verlässt seine klassische Rhetorik und den deduktiven Aufbau seiner Predigten und predigt mehr induktiv, indem er Fragen der Indianer aufgreift und sie anhand des biblischen Narrativs beantwortet. Im Kontrast zu den primären Themen von Zorn und Gericht in seinen Northamptoner Predigten betonen Edwards' Predigten plötzlich Gottes Liebe, Gnade und Barmherzigkeit – ein klares Zeichen dafür, dass er erkennt, wie stark die Indianer an Unrecht und Unterdrückung gelitten haben und Ermutigung brauchen. Paulus und Edwards sind Meister der Kontextualisierung, sie ist also nicht optional, sondern unvermeidbar.

Kulturelle Narrative

Um dies konkreter auszuführen, sollen die Narrative in säkularen Kulturen der späten Moderne betrachtet werden. Die Erfüllung der in diesen Narrativen enthaltenen Hoffnungen durch Christus ist relevant für das Erreichen von westlichen Metropolen mit dem Evangelium. Bei der Analyse der kulturellen Narrative geht es darum, die nicht hinterfragbaren Glaubensannahmen jeder Kultur zu erkennen, zu analysieren und, falls nötig, aufzuzeigen, bevor man sie anhand des biblischen Metanarrativs dekonstruiert.[215] Gerade säkulare Kulturen der westlichen Länder präsentieren ihre Wertvorstellungen und Weltanschauungen als objektive, offensichtliche Wahrheiten und leugnen den Glaubenscharakter ihrer Überzeugungen. Die Demaskierung der kulturellen Narrative als Präsuppositionen eines alternativen Glaubens über die

---

[215] Viele Theologen gehen wie Keller anhand von *Röm* 1,18-25 davon aus, dass alle Menschen unbewusst das biblische Metanarrativ von Schöpfung, Sündenfall, Erlösung und Wiederherstellung „im Blut" haben, sie aber unterdrücken. Ebenso wie sie die Wahrheit von Gott durch alternative Wahrheiten „austauschen" müssen, spiegelt sich in den Hoffnungen ihrer jeweiligen kulturellen Narrative auch die Hoffnung auf Erlösung und Wiederherstellung wieder. In diesem Sinn zeigen Babbage und Cosper als Kenner von Kultur und Theologie, wie sämtliche Werke aus Literatur und Film die Sehnsucht nach dem Evangelium widerspiegeln. Stuart Barton Babbage. *Mark Of Cain*. Milton Keynes: Paternoster Press, 1967; Mike Cosper. *The Stories We Tell: How TV and Movies Long for and Echo the Truth*. Wheaton, Illinois: Crossway, 2014.

Natur der Dinge und das Aufzeigen ihres widersprüchlichen, oftmals den rationalen Lebenserfahrungen entgegenlaufenden Inhalts, ist elementar zur Vorbereitung auf die Auseinandersetzung mit dem christlichen Narrativ.

Der Philosoph *Charles Taylor* hat folgende fünf kulturelle Narrative in den heutigen, spät-modernen säkularen Kulturen ausgemacht, die alle ihre Wurzeln im christlichen Weltbild haben. Sie sollen hier kurz im zeitlichen Kontext skizziert werden.[216]

1) **Narrativ der Rationalität:** (a) Für die griechischen Philosophen der *Antike* gilt die materielle Welt, einschließlich des Körpers, als lästig und weniger wichtig. Die Ideenwelt und der Geist gelten als letztliche Realität. (b) Das *Christentum* verleiht beidem ihre Bedeutung, indem sie sie als gute Schöpfung Gottes präsentierte. Mit einem persönlichen Gott als Grundlage für verlässliche, objektive Realität macht das Christentum Wissenschaft möglich. (c) *Säkulare Kulturen* greifen diese christliche Ansicht auf und verzerren sie, indem sie die materielle Welt als einzige Realität betrachten. Auch Körperkult und der Wahn von Schönheit ist eine Folge daraus. Wissenschaft wird zum Erlöser in der Utopie des ewigen, jungen, erfüllten Lebens.

2) **Narrativ der Geschichte:** (a) In der *Antike* gilt die Geschichte als zyklisch und sich wiederholend, ohne eine bestimmte Ordnung und ohne ein Ziel zu verfolgen. (b) Im *Christentum* wird dies durch den Glauben an einen allmächtigen, regierenden Gott, der die Weltgeschichte lenkt und auf ein bestimmtes Ziel hinführt, korrigiert. (c) Durch zu großes Vertrauen in wissenschaftlich-technologischen Fortschritt und einem Verkennen der Verdorbenheit des Menschen vertreten *säkulare Kulturen* einen „chronologischen Snobbismus", der alles Neue auch als automatisch überlegen und besser betrachtet.

3) **Narrativ der Gesellschaft:** (a) Der Einzelne ist in der *Antike* unwichtig, nur der Stamm und die Sippe zählen. (b) Das *Christentum* sieht jeden Menschen als geschaffen im Ebenbild Gottes an und vertritt daher die revolutionäre Idee, dass unabhängig von Rasse, Klasse oder Status die Würde jedes Menschen unantastbar ist. (c) Eine Überbetonung dieser Wahrheit treibt die *säkularen Kulturen* in einen Individualismus-Wahn. Das höchste Ziel einer

---

[216] Charles Taylor. *A Secular Age*. New Haven: Harvard University Press, 2007, 275-280.

Gesellschaft innerhalb dieser Narrative ist es, alle Individuen ohne Hindernisse dazu zu befähigen, so zu leben, wie sie wollen, ohne Rücksicht auf die Gemeinschaft oder Beziehungen, solange sie die Freiheit eines anderen nicht beeinträchtigen.

4) **Narrativ der Moral und Gerechtigkeit:** (a) In der *Antike* gilt das Universum als unergründlich und der Glaube an das Schicksal prägt die Menschen, weshalb Wahlmöglichkeiten unwichtig sind und der Weg von Menschen vorgezeichnet, egal wie sie sich dagegen wehren. (b) Der *christliche Glaube* an einen persönlichen Gott löst die Vorstellung vom Schicksal innerhalb eines unpersönlichen Universums ab. Menschen mit ihren Wahlmöglichkeiten sollen verantwortungsvoll als Gottes moralische Repräsentanten leben, weshalb ihre Entscheidungen bedeutsam sind. (c) In der säkularen Überzeugung wird die individuelle Wahlmöglichkeit als heiliger Gral überzeichnet, während die Einschränkung dessen als moralisches Übel gilt. Soziale Gerechtigkeit, universales Verantwortungsgefühl und Menschenrechte zeigen, dass säkulare Kulturen ein hohes moralisches Bewusstsein haben. Gleichzeitig aber werden absolute moralische Maßstäbe verleugnet, und die Menschen entscheiden selbst, was richtig und falsch ist.

5) **Narrativ der Identität:** (a) Emotionen, Gefühle und eigene Interessen spielen in der *Antike* ebenso wie in traditionellen Kulturen heute eine untergeordnete Rolle. Sie sollen unterdrückt werden, um das hohe Gut der Pflichterfüllung innerhalb von Familie, Stamm oder Sippe zu ermöglichen. Der Selbstwert in diesen Kulturen stammt von der Ehre und dem Ansehen, was einem als Lohn für die Selbstverleugnung und das Pflichtbewusstsein von der Gemeinschaft entgegengebracht wird. (b) *Das Christentum* räumt den Emotionen und Gefühlen mehr Raum ein, während es den absoluten Einfluss von Familie und Gemeinschaft auf den Einzelnen beschränkt. Gefühle gilt es angesichts dessen, dass die oberste Loyalität Gott zu gelten hatte, zu prüfen. (c) Säkulare Kulturen haben das antike Ungleichgewicht lediglich invertiert. Identität wird nicht extern durch Pflichten und Rollen in der Gesellschaft entdeckt, sondern intern durch Wünsche und Träume. Der Selbstwert wird dabei autonom in dem Maße verliehen, wie man seinen Träumen und Wünschen folgt und diese auslebt, egal was die Gesellschaft darüber denkt.

Diese Narrative gilt es zu berücksichtigen, sowohl die theologische Vision betreffend, als auch in der letztlichen Praxis der Kirche. Taylor hat in seinem Werk rein säkulare westliche Gesellschaften im Blick. In Städten wie İstanbul aber, in denen einerseits der Säkularismus immer mehr Einfluss gewinnt, andererseits aber konkurrierende traditionelle-orientalische Kultur vorhanden ist, müssen noch weitere Narrative, welche dem Islam oder Schamkulturen entspringen, betrachtet werden. Dabei muss analysiert werden, inwiefern diese interagieren, sich ablösen, sich widersprechen und vor allem wie diese in Christus ihre Vollendung erlangen.

Was an dieser Stelle durch die Skizzierung der Narrative in ihrer historischen Entwicklung deutlich wird, ist, dass die säkularen Narrative keine Grundlage besitzen, die es ihnen ermöglicht, ihre jeweiligen Inhalte zu vertreten. Schließlich sind sie Auswüchse und Verzerrungen der christlichen Weltanschauung, haben aber ihre Grundlage verloren. So ist beispielsweise die Wissenschaft als Antithese zur Religion im Prinzip irrational, und ernsthafte Atheisten wie David Hume geben nervös zu, dass die Grundlage jeglicher Wissenschaft der Glaube an einen Gott ist.[217]

Tim Keller

Die Implikationen der bereits angerissenen Bereiche Kommunikation und Kontextualisierung sind ein zentrales Element in Kellers theologischer Vision. Dies beginnt schon mit der Einstellung bezüglich Kirche. Das einschlägige Motto der RPC seit Gründungsbeginn, ist hier Programm:

> „Als Redeemer 1989 gegründet wurde, war das beständig rezitierte Motto: ‚Wir wollen keine Kirche für uns selbst sein, sondern für Menschen, die Kirche nicht mögen.‘ Heute, mehr als 20 Jahre später, ist dies immer noch die Motivation hinter allem, was wir tun. Auch wenn wir die Mittel der orthodoxen, presbyterianischen Tradition nutzen, um anzubeten (statt die Musik oder den Lobpreisstil zu wählen, der der Leiterschaft oder der Mehrheit gefällt), haben wir unsere Augen immer darauf gerichtet, was am meisten dabei hilft, den skeptischen New Yorker miteinzubeziehen, der das erste Mal einen Kirchgang probiert."[218]

---

[217] David Hume. *An Enquiry Concerning Human Understanding*. 1777 URL: https://en.wikisource.org/wiki/An_Enquiry_Concerning_Human_Understanding – Zugriff am 15.01.2016, zusammengefasst in Rob Shearer. *Faith Underlying Science*. 2015 URL: http://v.cx/2010/03/faith-and-science – Zugriff am 15.01.2016.

[218] Redeemer Presbyterian Church (Hrsg.). *Who We Are*. 2010 URL: http://www.redeemer.com/visit/who_are_we – Zugriff am 30.07.2015.

Weit über das Inhaltliche hinaus ist es bemerkenswert, dass auf der
Internetpräsenz der RPC in jeder Rubrik einladende Worte gewählt werden, die sehr wohl den Eindruck vermitteln, dass es etwas Einschüch-
terndes haben kann, das erste Mal in die Kirche zu kommen. Im Bereich
der Kommunikation ist also eine Erwartung, ein Selbstverständnis und
Wunsch festzustellen, dass Nichtchristen mitlesen, ohne durch den Inhalt
unnötig verwirrt oder abgeschreckt zu werden, sondern im Gegenteil
einladend begrüßt werden. Dieses Prinzip wendet Keller auf alles an, was
er tut: Gemeindegründung, Predigen, Publizieren. Die Begründung liest
sich wie ein Zitat aus den Predigten von Lloyd-Jones:

> „Das Evangelium von Jesus Christus ist als Idee schon herausfordernd
> genug; wir möchten niemandem zusätzliche Lasten aufbürden, wie Insider-
> Sprache, geschmacklose Musik oder undurchdringliche Rituale. Wir
> versuchen zu erklären, was wir während des Gottesdienstes tun, und alles,
> was wir sagen und tun, immer wieder auf Jesus zurückzuführen. Denn
> warum sollte man sich mit christlichen Meinungen über diese oder jene
> sekundäre Frage auseinandersetzen, wenn man noch nicht einmal
> akzeptiert hat, dass Jesus der ist, der er sagt, dass er ist – Gott selbst, der
> gekommen ist, um seine zerbrochenen Menschen wiederherzustellen und
> zurückzugewinnen."[219]

Dieses Prinzip der Kommunikation erklärt, warum Keller in Predigten
theologische Fachworte ebenso wie christlichen Jargon vermeidet und
auch nicht lehrmäßige Unterschiede zwischen Christen diskutiert.

Es ist deutlich, dass Kontextualisierung für Keller nicht bedeutet, die
Anstößigkeit des Evangeliums in irgendeiner Weise zu minimieren.
Zusätzlich zu der Sensibilität in Wortwahl und Sprache beinhaltet Kontextualisierung für Keller mehr. Als Einstieg in die Analyse betrachten
wir den Anspruch Kellers an eine Predigt, bei der es für ihn nicht genügt,
allein den Abschnitt der Schrift auszulegen. Er fordert zu einer drei-
fachen Exegese auf: (1) einer Exegese des Textes, (2) einer Exegese der
Kultur und (3) einer Exegese der Menschen. Innerhalb des Triperspektivismus decken diese wiederum die normativen, situativen und
existenziellen Aspekte ab. Dies fasst Tullian Tchividjian folgendermaßen
zusammen:

> „Um ein guter Prediger zu sein, muss man triperspektivistisch in der Exegese
> vorgehen. Das bedeutet, hingebungsvoll in der Exegese der Bibel, der Exegese
> der Kultur und der Exegese des menschlichen Herzens zu sein. Einige

---

[219] Redeemer Presbyterian Church (Hrsg.), a.a.O. Fn. 216.

behaupten, wenn man nur die Schrift sorgfältig auslegt, muss man sich nicht mehr um die Kultur oder das menschliche Herz kümmern. Das Problem dabei ist allerdings, dass die Bibel selbst uns dazu ermahnt, biblische Normen sowohl auf unser Leben als auch auf unsere Welt anzuwenden."[220]

Dabei heißt Kontextualisierung für Keller nicht, den Menschen zu geben, was sie wollen. Es bedeutet vielmehr, ihnen Gottes Antworten zu geben, die sie vermutlich nicht hören wollen; ihre Fragen auf eine Art und Weise zu beantworten, die sie verstehen können. Auf gesunde Art zu kontextualisieren, bedeutet, den Dienst und die Kommunikation des Evangeliums für eine bestimmte Kultur zu übersetzen, ohne dabei das Wesen und die Besonderheiten des Evangeliums zu kompromittieren. So zeigt man durch Kontextualisierung den Menschen, wie die Handlungsfäden ihrer eigenen Lebensgeschichte allein in Christus ein erfülltes, glückliches Ende finden. Auch wenn man denken könnte, dass die Alternative zu Kontextualisierung die ist, dass man eben nicht kontextualisisert, ist dies ein Irrtum. Ebenso wie bei der theologischen Vision, die zwangsläufig vorhanden ist, ob man sich darüber Gedanken gemacht hat oder nicht, kontextualisiert man immer.

„Wenn wir keine Wege durchdenken, wie man das Evangelium richtig in eine neue Kultur übersetzen kann, so wird man unbewusst in einer anderen Kultur tief kontextualisiert sein."[221]

So kritisiert Keller zurecht, dass die meisten evangelikalen Kirchen heute immer noch tief in der Zeit und Kultur verwurzelt sind, als die Welt noch christianisiert war und biblische Begriffe, Bräuche und Umgangsformen als Allgemeingut vorausgesetzt werden konnten.[222] Eine Kirche, die heute immer noch dieselbe Kommunikationsform wie zur Zeit vor der Aufklärung wählt, kontextualisiert das Evangelium unbewusst für diese vergangene Kultur. Dies führt aber unweigerlich dazu, dass das Evangelium für die Menschen des 21. Jahrhunderts zunehmend unverständlicher wird – einmal abgesehen davon, dass es durch das Kreuz ohnehin ein Anstoß für alle Menschen zu allen Zeiten darstellt. Sobald man das Evangelium ausformuliert und wiedergibt, tut man es unver-

---

[220] Tullian Tchividjian; Joshua Harris (Hrsg.). *Preaching Notes: Tim Keller.* 2010 URL: http://www.joshharris.com/2010/12/preaching_notes_tim_keller_1.php – Zugriff am 30.07.2015.

[221] Timothy J. Keller. *Center Church: Doing Balanced, Gospel-Centered Ministry in Your City*, a.a.O. Fn. 79, S. 97.

[222] Timothy J. Keller; Redeemer Presbyterian Church (Hrsg.). *The Missional Church*, a.a.O. Fn. 182.

meidlich auf eine Art und Weise, die für Menschen bestimmter Kulturen verständlicher und zugänglicher ist, für andere aber dafür umso weniger. Weil Kultur einen durchdringenden Einfluss auf alle Bereiche des Lebens hat, betrifft sie auch sämtliche Aspekte des Gemeindelebens. Die Art und Weise wie Entscheidungen getroffen werden, wie Leiterschaft ausgeübt wird, wie Menschen verschiedenen Alters miteinander in Beziehung treten, wie Korrektur durchgeführt wird – all dies ist von Kultur zu Kultur unterschiedlich und muss beachtet werden. Es gibt hierbei keinen kulturell-neutralen Boden, weshalb das Nachdenken über die Besonderheiten der Kontextualisierung in einer Kultur sinnvoll ist.

Ausgehend von dem paulinischen Vorbild und angesichts der allgemeinen Gnade Gottes sollte nach Keller die Haltung gegenüber der Kultur ein kritisches Genießen sowie eine angemessene Vorsicht verkörpern. Es gilt, das Evangelium so anzuwenden, dass das grundlegende „*kulturelle Narrativ*"[223] der Gesellschaft einerseits konfrontiert und andererseits vervollständigt wird. Dieser Prozess beinhaltet für Keller drei Schritte und basiert auf der Van Til'schen präsuppositionalen Apologetik. Hier ein Beispiel anhand von *Apg 17,16-34*:

1) **Eindringen in die Kultur:** *Paulus lobt die Athener um ihrer Religiösität willen. Er wählt als Angriffspunkt die Statue des unbekannten Gottes, den die Athener zurecht verehrten. (V. 22-23)*
2) **Herausfordern der Kultur:** *Paulus erzählt die biblische Perspektive und kritisiert viele Elemente der griechischen Kultur. (V. 24-30)*
3) **Appellieren an die Zuhörer:** *Paulus appelliert an die Griechen, hinsichtlich des Gerichts durch den auferstandenen Christus Buße zu tun. (V. 31)*

Kulturkritik findet besseres Gehör und kann überzeugen, wenn zuvor ein gemeinsamer Nenner zwischen Bibel und der Kultur gefunden und als Ausgangspunkt gewählt wird.

Bevor das Augenmerk auf den Dienst John Pipers fällt, soll als ein Ergebnis der theologischen Vision das Schaubild der Dienstphilosophie von Kellers RPC betrachtet werden, in dem das Zusammenspiel der in diesem Kapitel betrachteten Elemente Evangelium, Kultur und Stadtfokus

---

[223] Die Idee dahinter ist, dass Menschen den Drang haben, ihre rudimentären Gefühle wie Schmerz, Sehnsucht, Vergnügen, Angst, mit denen sie ihre Lebenstage füllen, innerhalb einer Geschichte zu betrachten. Diese Geschichte gibt Hoffnung und hilft durch das Leben zu navigieren, da sie die fehlenden Informationen unserer Erfahrungen vervollständigt und interpretiert. Wenn sich ein solches Narrativ unter sehr vielen Menschen etabliert, nennen wir es eine Kultur. Andrew Delbanco, a.a.O. Fn. 187, S. 1-3.

durch Kontextualisierung deutlich wird.[224] Das Schaubild trägt den Titel *„Eine Kirche nicht für uns selbst"* und zitiert *Röm* 15,2-3:

> „Jeder von uns soll Rücksicht auf den Nächsten nehmen, um ihnen Gutes zu tun und sie aufzubauen. Denn auch Christus hat nicht für sich selbst gelebt."[225]

Aus dem Kern gehen fünf Bereiche hervor, die alle zunächst individuelle Konsequenzen haben, aber im Verlauf jeweils zu einer *„florierenden Stadt"* beitragen: (1) Gottesdient und Evangelisation, (2) Bildung von Gemeinschaft, (3) Barmherzigkeitsdienst, (4) Gemeindegründung und (5) Glaube und Beruf.

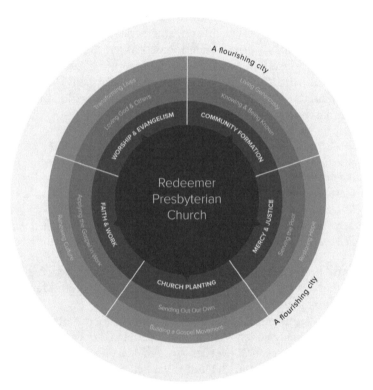

Die Philosophie der Redeemer Presbyterian Church mit dem Verweis:
Eine Kirche nicht für uns selbst.

---

[224] Redeemer Presbyterian Church (Hrsg.). *Philosophy of Ministry*. URL: http://www.redeemer.com/learn/philosophy_of_ministry – Zugriff am 31.07.2015.

[225] Diese Einheitsübersetzung entspricht am ehesten dem englischen Originaltext der NIV Bibel.

John Piper

In der Vielzahl an Veröffentlichungen äußert sich John Piper nicht explizit zu der Thematik der Kontextualisierung. Es ist nicht Gegenstand seiner bekannten Bücher und kommt auch nicht am Rande vor. Man kann mutmaßen, dass Piper ein ambivalentes Verhältnis zur Kontextualisierung hat. Anhand seiner Predigten und Bücher wird deutlich, dass Piper nicht auf die von Keller beschriebene Art und Weise kontextualisiert. Zu diesem Schluss kommt auch Kravtsev in seiner Analyse von Pipers Predigtthemen und -ausführungen der Jahre 1971 bis 2014.[226] Der breiten Kultur gegenüber ist Piper auch nach Kravtsevs Analyse gleichgültig, was sich in seiner Art zu kommunizieren widerspiegelt.[227]

Piper äußert sich im Rahmen einer Predigt über *Röm* 5,12-21 kritisch in Bezug auf Kontextualisierung.[228] Zum einen findet er die Diskussionen über und das Ausmaß der Kontextualisierung übertrieben.[229] Seinen Ausführungen nach ist das Evangelium für alle Kulturen einfach darzustellen. Die Frage stellt sich, ob die Darstellung des Evangeliums, wie er sie vertritt, ein Verständnis zu vieler biblischer Wahrheiten voraussetzt – und wie er Menschen erreichen will, die durch Vorurteile und Misskonzeptionen gar keine Offenheit zum Zuhören haben. Piper lässt sich in besagter Predigt, vielleicht auch im Eifer des Geschehens, zu der Aussage hinreißen, das Evangelium brauche keine Kontextualisierung.

In einem Artikel zweifelt Piper daran, dass das Zurückgreifen auf vorhandene Gedankenstrukturen bei Nichtchristen[230] verhindern würde, bestimmte biblische Wahrheiten überhaupt mitzuteilen. Stattdessen müsse durch das Predigen durch Gebet und Gottes souveränem Eingreifen *„neue Konzepte"* bei den Menschen übernatürlich geschaffen werden („*Concept Creation"*).[231] An dieser Stelle schwingt zum einen Pipers starke Betonung

---

[226] A. Kravtsev, a.a.O. Fn. 193, 16.

[227] A. Kravtsev, a.a.O. Fn. 193, 11.

[228] John Piper. *The Fatal Disobedience of Adam and the Triumphant Obedience of Christ.* Desiring God, 2007 URL: http://www.desiringgod.org/messages/the-fatal-disobe dience-of-adam-andthe-triumphant-obedience-of-christ – Zugriff am 30.07.2015, ab 31:00.

[229] Es ist leider nicht klar, worauf oder auf wen er sich an dieser Stelle konkret bezieht.

[230] Damit ist vermutlich Kellers erster Punkt: Eindringen in die Kultur bzw. Weltanschauung gemeint.

[231] John Piper. *Preaching As Concept Creation, Not Just Contextualization.* Desiring God, 2008 URL: http://www.desiringgod.org/articles/preaching-as-concept-creation-not-justcontextualization – Zugriff am 30.07.2015.

der Souveränität Gottes mit, wie aber auch das tendenzielle Verneinen der Möglichkeit, dass nichtgläubigen Menschen mit Hilfe der Vernunft biblische Wahrheiten dargelegt werden kann (vgl. S. 85). Piper ist nicht komplett gegen Kontextualisierung, befürwortete die BBC unter ihm doch Kontextualisierung zur Mission in muslimischen Ländern[232] und gibt zu Protokoll:

> „Die kulturübergreifende Kontextualisierung der Botschaft des Evangeliums ist biblisch und notwendig. Doch sollten sich sämtliche Strategien der Kontextualisierung innerhalb der Grenzen biblisch gesunder Lehre befinden."[233]

Im inneramerikanischen Raum aber scheint Piper die Notwendigkeit von Konextualisierung nicht einzuleuchten. Verwunderlich ist an dieser Stelle, dass Piper dennoch stimmberechtigtes Mitglied der *Gospel Coalition* ist. Formuliert sich dessen Selbstverständnis doch folgendermaßen:

> „Wir sehnen uns danach, mit allen zusammenzuarbeiten, die, zusätzlich zur Übereinstimmung mit unserem Glaubensbekenntnis und unserer *theologischen Vision* für den Gemeindedienst, die Herrschaft Christi über dem gesamten Leben mit einer unerschrockenen Hoffnung in die Macht des Heiligen Geistes zur Transformation von Individuen, Gemeinschaften und Kulturen anstreben."[234]

In der Predigtreihe „*Desiring God*" aus dem Jahr 1983 findet sich vermutlich der Schlüssel, um Pipers Herangehensweise und Dienstphilosophie begreifen zu können. In einer Predigt über *Mt* 13,44-46 erklärt Piper die Gründe dafür, den eigentlich widersprüchlichen Ausdruck „*christlicher Hedonismus*" ins Leben gerufen zu haben.

> „Ich bin fest davon überzeugt: Wir leben in einer oberflächlich christianisierten Gesellschaft, in der Tausende verlorener Menschen denken, sie würden an Jesus glauben. In den meisten meiner Gespräche mit Un-

---

[232] Die spezielle Einteilung innerhalb dieses Modells von C1 bis C6 Kontextualisierung wird hier erörtert: Jim Leffel; Xenos Christian Fellowship (Hrsg.). *Contextualization: Building Bridges to the Muslim Community.* 2015 URL: https://www.xenos.org/essays/contextualization-building-bridgesmuslim-community – Zugriff am 22.01.2016.

[233] Biblical Missiology (Hrsg.). *John Piper's Church Takes A Stand On Contextualization.* 2011 URL: http://biblicalmissiology.org/2011/12/05/john-pipers-church-takes-a-standon-contextualization/ – Zugriff am 22.01.2016.

[234] The Gospel Coalition (Hrsg.). *About.* 2015 URL: http://www.thegospelcoalition.org/about –Zugriff am 03.08.2015.

gläubigen und nominellen Christen ist das Gebot ‚Glaube an Jesus und du wirst gerettet' praktisch bedeutungslos. Betrunkene auf der Straße behaupten, dass sie es tun. Nicht verheiratete Paare, die miteinander schlafen, behaupten, dass sie es tun. Ältere Menschen, die vierzig Jahre lang keine Anbetung oder Gemeinschaft gesucht haben, behaupten, dass sie es tun. Jede Sorte von weltliebenden Gemeindebesuchern behauptet, dass sie es tun. Meine Verantwortung als Prediger des Evangeliums und als Pastor der Kirche besteht nicht darin, kostbare biblische Sätze zu wiederholen, sondern die Wahrheit dieser Sätze in einer Weise zu sprechen, die das Gewissen des Zuhörers wachrüttelt und dabei hilft, das Bedürfnis nach Christus zu realisieren. Was ich versuche zu tun, ist, eine vernachlässigte und wesentliche Lehre der Schrift zu nehmen und sie so genau wie möglich zu machen, in der Hoffnung, dass einige Herzen tief getroffen werden. Und deshalb sage ich, wenn eine Person sich zu Jesus Christus bekehrt, wird diese Person zu einem christlichen Hedonisten."[235]

Durch dieses Zitat wird deutlich, dass Piper schon 1983 die Bedeutsamkeit von Kontextualisierung erkannt hat. Sein traditioneller Ansatz, das Evangelium zu kommunizieren, bewirkt bei seiner Zielgruppe keinerlei Reaktion und bleibt für diese *„praktisch bedeutungslos".* Dies veranlasst Piper die Form seiner Botschaft entsprechend anzupassen, so dass diese Verstand und Herz seiner Zuhörer nachhaltig ergreift.

Piper beschreibt hier den Prozess, wie er durch Gespräche mit vorwiegend nominellen Christen bewusst oder unbewusst gelernt hat, das Evangelium perfekt auf seinen Kontext und seine Zielgruppe anzupassen. Die normativen Wahrheiten der Schrift haben für Piper natürlich ewig Geltung, während das von ihm wahrgenommene situative kulturelle Umfeld der *„oberflächlich christianisierten Gesellschaft"* in Minneapolis im Jahr 1983 gegen Bibelzitate und traditionelle Rhetorik immun oder gleichgültig gegenüberstand. Erst als Piper das Evangelium mit seinem Ausdruck des *„christlichen Hedonismus"* existenziell für seine Zielgruppe neu übersetzt, macht es für diese auf einmal Sinn und gewinnt an Dringlichkeit und Relevanz.

Seine Aussagen zur Bedeutung von Kontextualisierung in den USA legen nahe, dass Piper diesen Prozess scheinbar unbewusst durchlaufen und zu einem Ergebnis gelangt ist. Nichtsdestotrotz zeigt sein Fallbeispiel lehrbuchhaft, dass ohne eine *„Neuübersetzung"* des Evangeliums, ohne eine Neuformulierung von biblischen Wahrheiten und Bibelzitaten, seine

---

[235] John Piper; Desiring God (Hrsg.). *Conversion to Christ: The Making of a Christian Hedonist.* 1983 URL: https://www.desiringgod.org/messages/conversion-to-christ – Zugriff am 13.06.2018, Aufnahme 3:23-5:11 min.

Gespräche mit der Zielgruppe in Minneapolis sehr wahrscheinlich ohne Frucht geblieben wären. Im Rahmen dieser Predigtreihe liefert Piper eine biblische Rechtfertigung für den Ausdruck „christlicher Hedonismus" und legt den Grundstein für seine bis heute geltende Dienstphilosophie. Dabei ist es bemerkenswert, dass Piper seine Verantwortung als Pastor und Prediger betont, biblische Wahrheiten so zu kommunizieren und auszudrücken, dass es sein Umfeld begreift und davon ergriffen wird. An dieser Stelle macht Piper keinen Verweis auf die Souveränität Gottes, welche in jedem Fall eingreifen kann, egal in welcher Weise und mit welchen Worten man predigt. Dies ist eine vorbildliche Ausgewogenheit zwischen der Verantwortung des Menschen und dem Wissen, dass ohne Gottes Wirken jegliche Predigt ohne Wirkung bliebe.

Es kann behauptet werden, dass Piper in seiner Gemeindepraxis denselben Weg für Minneapolis beschritten hat wie Keller für New York City. Der Unterschied scheint zu sein, dass Keller dies kognitiv vollständig aufgearbeitet und biblisch gültige Prinzipien dargelegt hat, die seinen Gedankenprozess der Kontextualisierung für andere nachvollziehbar machen.

An dieser Stelle soll durch Zusammenfassung und Hypothesen eine ausgeglichene Darstellung der Position Pipers versucht werden:

1. Piper bekräftigt die biblische Grundlage und die Notwendigkeit von Kontextualisierung bei kulturübergreifender Mission.
2. Piper ist der Kontextualisierung nicht grundsätzlich feindlich gesinnt und ist wesentlich offener als beispielsweise MacArthur.[236] Sicherlich hätte er sich bei inhaltlichen Bedenken längst in wesentlich stärkerem Maße an der Debatte beteiligt.
3. Piper ist Mitglied der Gospel Coalition und unterstützt damit deren theologische Vision.
4. Piper wertschätzt seine Kollegen Tim Keller und D.A. Carson und hat freundschaftliche Beziehungen zu ihnen. Er profitiert von ihren Beiträgen und lässt sie auch zu diesen Themen auf seinen Konferenzen als Experten sprechen.[237]
5. Piper kann die Sinnhaftigkeit dessen, wie Keller in New York City Gemeinde baut, erkennen und theologisch nachvollziehen.

---

[236] Bei der Nennung konkreter Personen geht es um eine Zuordnung ihrer Position und nicht um eine Wertung. Ich profitiere maßgeblich von Büchern und Predigten John MacArthurs.

[237] Desiring God Minitries (Hrsg.). National Conference: The Supremacy of Christ in a Postmodern World. 2006 URL: http://www.desiringgod.org/messages/by-series/2006-nationalconference – Zugriff am 22.01.2016.

6. Piper verfolgt für seinen eigenen Kontext in Minneapolis keine bewusste Kontextualisierung, weil er die Notwendigkeit dafür nicht sieht.

7. Allerdings wird in seiner Predigt aus dem Jahre 1983 deutlich, dass die Grundlage für seinen Gemeindedienst klar auf einer Neuformulierung biblischer Wahrheiten beruht und Piper mutmaßlich unbewusst sehr wohl den Prozess der Kontextualisierung durchlaufen hat und hier auch seine menschliche Verantwortung und Bürde als Pastor sieht.

8. In der Praxis handelt Piper in Minneapolis analog zu Keller in NYC.

9. Piper äußert, dass er sich weniger als Theologe sieht, sondern viel mehr als Pastor.

10. Piper weiß, dass seine theologischen Schwerpunkte von der Souveränität Gottes, dem christlichen Hedonismus, der Gott-zentriertheit Gottes kulturell unsensible Themen darstellen.

11. Piper behandelt nicht die Fragen der postmodernen Menschen, sondern die ihm liebgewonnenen theologischen Themen, obwohl sie nichts mit der Lebenswirklichkeit der Nichtchristen zu tun haben.

12. Folglich beinhalten seine Predigten keine apologetischen Elemente, die auf ein Verständlichmachen unbequemer biblischer Wahrheiten für den postmodernen Menschen abzielen.

13. Piper mutmaßt, dass man diese Themen nicht kontextualisieren kann.

14. Pipers vorgeschlagene Alternative der „Concept Creation" legt nahe, dass er in diesem Bereich eine Tendenz zur Überbetonung der Souveränität Gottes über die Verantwortung des Menschen hat.

15. Piper ist sich bewusst, dass seine Zielgruppe die „oberflächlich christianisierte Gesellschaft" ist. Dies ist sein primärer Wirkungsbereich.

8 Ergebnisse

Die vorliegende Arbeit untersucht und vergleicht die Gemeindearbeit von John Piper und Tim Keller. Die Fragestellung, die der Arbeit zugrunde liegt, ist:

Angenommen, die theologischen Fundamente von Piper und Keller sind beide im reformierten Erbe verankert und stimmen größtenteils überein, woher kommen dann die völlig verschiedenen Herangehensweisen, Methodologien und theologischen Schwerpunkte und wie sind sie zu beurteilen?

Innerhalb dieser Frage haben wir drei Aspekte isoliert.

1) **Theologie:** Inwiefern stimmen Piper und Keller theologisch überein?
2) **Differenzen:** Woher rühren die Unterschiede und wie sind sie zu beurteilen?
3) **Legitimation:** Inwieweit sind diese Unterschiede gerechtfertigt?

In der Tat kann hier erwartungsgemäß geschlussfolgert werden, dass Piper und Keller tatsächlich bis auf geringe denominationelle Elemente theologisch übereinstimmen und als reformierte bibeltreue Pastoren kategorisiert werden können.

Im Folgenden werden die Ergebnisse zusammengefasst, woher die Unterschiede in der Methodologie beider Protagonisten stammen. Und es wird darauf eingegangen, ob diese Unterschiede legitim sind, ob Unterschiede in der Praxis verschiedener Kirchen gerade ein Kennzeichen solider Evangeliumsarbeit darstellen können. Im Ausblick soll überlegt werden, welche Erkenntnisse für zukünftige Gemeindegründungen aus dieser Untersuchung gewonnen werden können.

8.1 Resümee

Gründe für verschiedene Methodologien im Gemeindebau

Es muss an dieser Stelle erneut herausgestellt werden, dass Persönlichkeit und Charakter der Gemeindeleiter weitreichende Konsequenzen in allen Lebensbereichen haben und ihr Einfluss auf die Praxis einer Kirche nicht zu leugnen sind. Allerdings lässt sich dieser aber schwer quantitativ oder qualitativ erfassen, weshalb er hier vorausgesetzt und zur Kenntnis genommen wird.

Auffällig ist, dass Keller deutlich „Bucerischer"[238] ist, sich öffentlich nicht negativ über andere Christen äußert und vermittelnd zwischen Christen innerhalb des evangelikalen Lagers und sogar darüber hinaus wirkt. Piper beteiligt sich hingegen wortgewaltig am öffentlichen theologischen Diskurs, vor allem wenn es elementare Bausteine seiner eigenen reformierten Anschauung betrifft und nutzt dazu auch Polemik als Stilmittel.

Im Werdegang fällt auf, dass bestimmte Mentoren zur Prägung von Piper und Keller beigetragen haben. Die Ansätze zur Schriftauslegung von Fuller sind für Piper, die von Clowney sind für Keller modellhaft. Man hat den Eindruck, dass der vielfältige Lehrkörper am WTS durch außergewöhnliche Theologen wie Conn und Frame auf Keller abgefärbt hat, wobei hier sicherlich auch das Lesedefizit Pipers in starkem Kontrast zur Lesebegabung Kellers steht. Insgesamt scheint es, dass Keller sich an seine eigene Devise hält und aus einer sehr großen Zahl verschiedener Theologen seine eigene Stimme herausgebildet hat und herausgebildet. Zweifelsohne gelingt dies Piper ebenfalls, indem er vor allem bestimmte Themen von Edwards Wirken für sich als Leitmotive herausdestilliert.

Theologisch sind beide von Lewis und Edwards geprägt, allerdings interessanterweise mit unterschiedlichen Resultaten. Keller bestreitet, bezüglich Pipers christlichem Hedonismus eine andere Lesart von Edwards zu haben, verweist aber auf die Bandbreite an Themen in Edwards' Werken, die man in der Summe betrachten muss anstatt sich einige wenige auszusuchen. An den verschiedensten Stellen dieser Arbeit ist deutlich geworden, dass die biblische Zulässigkeit mehrerer Perspektiven auf eine Thematik, insbesondere in Form des Triperspektivismus von Frame, für Keller enorm bedeutsam ist. Man könnte sagen, dass sie ein Instrument Kellers ist, in allen Belangen ausgewogen zu bleiben. Zusammen mit Bavincks Vorbild passt dies in gewisser Weise zum friedliebenden, vermittelnden Wesen Kellers. Generell ist in diesem Zusammenhang wichtig, dass Piper eher als Neo-Puritaner und Keller als Neo-Calvinist gesehen wird. Dies gibt sicherlich nur eine Tendenz wieder, zeigt aber, dass beide mit verschiedenen reformierten Strömungen sympathisieren. Es ist daher Vorsicht geboten, die Kategorie „reformiert" entsprechend undifferenziert zu verwenden. Auch innerhalb der refor-

---

[238] Bezugnehmend auf das Wirken des Reformators Martin Bucer, der um Versöhnung und Verständnis unter seinen nicht nur reformierten Zeitgenossen geworben hat und dafür eingetreten ist.

mierten Historie wurden bei allen theologischen Gemeinsamkeiten unterschiedliche theologische Schwerpunkte gesetzt.[239]

Allerdings bin ich der Meinung, dass die Antwort auf die Frage nach den verschiedenen Methodologien nicht allein in persönlichen, biographischen und theologischen Unterschieden gefunden wird. Ich schließe mich den Ausführungen Lints und Kellers an, dass die theologische Vision mit ihrer impliziten Grundhaltung zu Kultur, Vernunft und Tradition, maßgeblich die Erscheinungsform, Methode und Praxis einer Kirche bestimmt. Keller betont zurecht, dass gleiche theologische Grundüberzeugungen völlig vereinbar mit diametral entgegengesetzten theologischen Visionen sind. Ein Beispiel hierfür aus dem Hamburger Umfeld sind die Kirchen *Arche*[240] und *Hamburgprojekt*[241], die trotz nahezu gleicher Theologie sehr verschiedene theologische Visionen besitzen.

Hierbei bleibt natürlich offen, inwiefern persönliche oder biographische Elemente eine bestimmte Grundhaltung fördern und prägen können. Auch muss kritisch hinterfragt werden, ob die theologische Vision durch die Zugehörigkeit zu bestimmten Traditionen vordefiniert wird. Schließlich existieren die theologischen Überzeugungen eines Menschen selten im isolierten Vakuum, sondern sind in der Regel eingebettet in eine Prägung oder Tradition. Gemäß dem chinesischen Sprichwort:

„Willst du etwas über das Wasser wissen, frag nicht den Fisch!",

ist man der eigenen Prägung gegenüber meist blind. Nach Kellers Modell ist es aufgrund der starken natürlichen Verflechtung der Ebenen Theologie und Kontext schwer, Ursachenforschung zu betreiben und zu erörtern, wodurch die Haltung zu Kultur und Vernunft herrührt. So könnte hinterfragt werden, ob die jeweilige Kindheits- und Jugendprägung beider Protagonisten auch die späteren theologischen Visionen mitbeeinflusst hat. Allerdings muss fairerweise angeführt werden, dass dies nicht Sinn und Zweck des Modells ist. Es geht nicht um die Frage, wie eine bestimmte Haltung zur Kultur zustandekommt – schließlich sollte auch hierbei als Richtschnur die Schrift dienen –, sondern darum, zu zeigen, dass die Ursache dieser Unterschiede nicht theologisch sein muss.

---

[239] Siehe das Zitat von Packer in der Einleitung zu Frames *Systematic Theology* auf S. 41.

[240] Arche Gemeinde (Hrsg.). *Website*. URL: http://www.arche-gemeinde.de – Zugriff am 14.06.2018.

[241] Hamburgprojekt (Hrsg.). *Website*. URL: http://www.hamburgprojekt.de – Zugriff am 14.06.2018.

Dafür sind Piper und Keller mit ihrer lehrmäßigen Übereinstimmung, aber sehr verschiedenen theologischen Visionen ein gutes Beispiel.

Kellers theologische Vision bildet die Grundlage für das Wirken der RPC als missionale Kirche in einer säkularen Weltmetropole. Diese inkarnationale Ekklesiologie vertritt die Annahme, dass die Kirche in die Ritzen und Spalten einer Gesellschaft hineinsickert, um Christus zu denen zu bringen, die ihn weder kennen noch suchen. Entsprechend versiert ist Keller mit säkularen Autoren oder atheistischen Philosophen und verweist zusätzlich zur Schrift auf sie, um die Botschaft der Bibel eindringlicher zu kommunizieren. Alles, was die Kirche unternimmt, tut sie auch mit Blick auf die Nichtchristen. Auch Keller selbst folgt diesem Prinzip, indem er der christlichen Subkultur aus dem Weg geht und beispielsweise für seine Bücher säkulare Verlage den christlichen vorzieht. Kellers Ausgangspunkt dabei ist das biblische Metanarrativ, weshalb die Wiederherstellung der materiellen Welt, kulturelle Tätigkeiten und der Beruf wichtige Elemente in den ganzheitlichen Predigten sind. Eine positiv prüfende Grundhaltung zur Kultur zusammen mit einer Vision, die historisch horizontal auf die Erneuerung der Schöpfung Bezug nimmt, kennzeichnet Keller. Persönliche Errettung ist der Ruf in den Auftrag Gottes, nicht nur das Evangelium weiterzugeben, sondern auch, sich kulturell zu engagieren und den klassischen „Kulturauftrag" des Menschen, die Erde zu bebauen und zu bewahren (*Gen* 2,15), wieder mit ganzem Bewusstsein ernstzunehmen. Um Christen wie Nichtchristen in der Stadt zu dienen, gilt es, auch Selbstzentriertheit und Egoismus zu überwinden, die religiös motiviert sind.

Pipers theologische Vision unterscheidet sich von der Kellers. Entsprechend der attraktionalen Ekklesiologie gilt es, Menschen dorthin zu ziehen, wo sich die Christen als Kirche treffen. Der Schwerpunkt bei Piper ist introspektiv. Die Betonung darauf, Zuneigung zu Gott zu entwickeln, erinnert an die Puritaner. Somit zielt Pipers Vision vertikal hinter diese Welt in die Ewigkeit und auf den Genuss einer persönlichen Beziehung mit Gott. Entsprechend besteht das Hauptziel der Errettung darin, Gott zu kennen und ihn für immer zu genießen. Der Kultur steht Piper tendenziell eher gleichgültig bis negativ gegenüber, weshalb er scheinbar auch nicht der Meinung ist, dass man das Evangelium innerhalb der USA kontextualisieren muss. Gleichwohl kontextualisiert Piper in seiner Praxis vermutlich unbewusst durch seine Neuformulierung des Evangeliums und dessen Darstellung als „*christlichen Hedonismus*".

Selbstredend liegt es letztlich an Gottes Wirken, wenn Menschen zum Glauben kommen, und daher kann Gott Pastoren und Kirchen dazu nutzen, viele Menschen für Christus zu gewinnen. Um allerdings die

Souveränität Gottes nicht gegen die Verantwortung des Menschen auszuspielen, muss ebenso deutlich gesagt werden, dass eine angemessene Kontextualisierung die Verantwortung von Pastoren und Kirchen ist.

Aus der Perspektive eines Christen muss angeführt werden, dass sich Piper und Keller gut darin ergänzen, ein Portrait der Größe und Herrlichkeit Gottes zu malen. In einer Metapher ausgedrückt, zeichnet Keller mit seinen ganzheitlichen Predigten eine Weite des Ozeans, die seinesgleichen sucht. Piper hingegen führt einem die unendlichen Tiefen des Ozeans vor Augen. Beides ist wichtig. So ist es unter Keller, Dever und anderen Hauptfiguren der reformierten Szene Konsens, dass bei den Predigten von Piper die Herrlichkeit und Bedeutsamkeit Gottes besonders spürbar und erfahrbar wird.[242]

Legitimation verschiedener Methodologien im Gemeindebau

Ich komme zu dem Schluss, dass Unterschiede in der Methodik trotz gleicher Theologien nicht nur legitim, sondern ein Kennzeichen solider Evangeliumsarbeit ist, vorausgesetzt die Methodik erwächst aus einer theologischen Vision, welche wiederum durch respektvolle und kritische Reflektion über die Kultur entstanden ist. Dabei geht es darum, das Beste aller vier Modelle von Christus und Kultur zu vereinen und je nach kultureller Fragestellung Position zur Kultur zu beziehen, während man aber eine positive Grundhaltung zur Kultur beibehält. Dies ist in dem Maß möglich, wie das Kulturgut durch die allgemeine Gnade Gottes biblische Wahrheiten widerspiegelt.

Im Rahmen des Triperspektivismus kann man erkennen, dass sowohl Keller als auch Piper ein sehr vergleichbares normatives Schriftverständnis besitzen, sich das situative Umfeld New York City aber stark von Minneapolis unterscheidet. Nimmt man nun noch die existenzielle Dimension hinzu und berücksichtigt sowohl die unterschiedlichen Persönlichkeiten und Begabungen von Piper und Keller, wie auch ihr mutmaßlich völlig unterschiedliches Gemeindepublikum, kann man nur zu dem Schluss kommen, dass die verschiedenen Methodologien und Ausdrucksformen beider Kirchen ein Kennzeichen gesunder Gemeindearbeit sind.

---

[242] Mark Dever; 9 Marks (Hrsg.). *Life, Ministry, and Books with Tim Keller*. 2015 URL: http://9marks.org/interview/life-ministry-and-books-with-tim-keller-part-1-life/ – Zugriff am 31.07.2015.

Es ist deutlich geworden, dass je nach der vorherrschenden Kultur völlig verschiedene Umgangsformen, Bräuche, Sitten und Wertvorstellungen beachtet werden müssen, um das Evangelium optimal zu kommunizieren. Die Fragen: „Kontextualisierung: Ja oder Nein?" und „Theologische Vision: Ja oder Nein?" stellen sich überhaupt nicht, da keines der beiden, weder die theologische Vision noch das Kontextualisieren des Evangeliums optionale Elemente sind, sondern weder vermieden noch umgangen werden können.[243] Menschen existieren eingebunden in Kulturen mit bestimmten Wertvorstellungen und Normen. In dem Moment, wo man mit Menschen in Beziehung tritt, interagiert man auch mit der Kultur. Dabei ist die intrinsische Haltung bestimmend. Ein Vergleich mit der Seelsorge ist aufschlussreich: Je länger man dem Menschen zugehört hat, sich in seine Situation hineinversetzt hat, ohne schnelle Urteile und Patentrezepte zu verteilen, desto besser kann man Gottes Wahrheiten und Normen auf die individuelle Situation angepasst anwenden. Ähnlich ist es mit der Kultur, denn je besser man mit den kulturellen Normen und Weltanschauungen der Menschen vertraut ist, desto besser kann man auch ihre situativen Nöte und Fragen einordnen und umso treffsicherer Gottes Wort darauf anwenden. Es gibt keine kulturneutrale Präsentation von biblischen Wahrheiten. Kontextualisierung findet – bewusst oder unbewusst – immer statt, genauso wie bewusst oder unbewusst aus einer bestimmten theologischen Vision heraus agiert wird.

8.2 Ausblick

Für Gemeindegründung ist es nach wie vor unerlässlich, ein solides, erprobtes, bibeltreues Fundament an lehrmäßigen Überzeugungen zu besitzen. Darüber hinaus allerdings ist es entsprechend der Ausführungen in dieser Arbeit ebenso wichtig für das Erreichen einer bestimmten Menschengruppe, deren Kultur zu studieren und zu analysieren. Es bietet sich an, die grundlegenden kulturellen Narrative der Gesellschaft zu nehmen und aufzuzeigen, wie die tiefsten Hoffnungen des Herzens nur in Christus ihre glückliche Resolution finden.

Grundsätzlich sind einige Kulturen eher pragmatisch, sie spornen ihre Mitglieder dazu an, Besitztümer und Macht zu akkumulieren. Andere Kulturen sind individualistisch, sie bewegen ihre Mitglieder, persönliche Freiheit über alles andere zu stellen. Andere Kulturen sind „Scham- und Ehrkulturen", sie betonen Respekt, Ansehen, Verantwortung und Familienehre. Wieder andere Kulturen sind weitschweifig, vor allem anderen

---

[243] Juan Sanchez; The Gospel Coalition (Hrsg.), a.a.O. Fn. 207.

schätzen sie Kunst, Philosophie und Lernen. Diese unterschiedlichen Ausprägungen gilt es zu beachten.[244]

Als Ausblick und Fortführung wäre es interessant, über den Rahmen dieser Arbeit hinaus zu erörtern, wie einzelne Narrative dekonstruiert werden und durch das christliche Metanarrativ ersetzt werden können.

---

[244] Diese Beispiele sind entnommen aus Timothy J. Keller. *Center Church: Doing Balanced, Gospel-Centered Ministry in Your City*, a.a.O. Fn. 79, S. 90.

Literaturverzeichnis

9Marks (Hrsg.): *Putting Contextualization in its Place.* (URL: http://9marks.org/article/putting-contextualization-its-place/) – Zugriff am 09.01.2016

Aicken, Tom; Free Reformed Church Langley (Hrsg.): *The New Calvinism: A Critical Assessment.* (URL: http://www.freereformedchurchlangley. org/the-new-calvinism-a-critical-assessment) – Zugriff am 24.07.2014

Arche Gemeinde (Hrsg.): *Website.* (URL: http://www.arche-gemeinde.de) – Zugriff am 14.06.2018

Babbage, Stuart Barton: *Mark Of Cain.* Milton Keynes: Paternoster Press, 1967

Bachelder, Kate; Journal, Wall Street (Hrsg.): *God Isn't Dead In Gotham.* 2014 (URL: http://online.wsj.com/public/resources/documents/print/ WSJ_-A013-20141220.pdf) – Zugriff am 27.07.2015

Barbour, Ian: *When Science Meets Religion: Enemies, Strangers, or Partners?* New York City: Harper, 2000

Bethlehem College and Seminary (Hrsg.): *Biblearc: Studienwerkzeuge für die Schrift.* 2014 (URL: http://www.biblearc.com) – Zugriff am 20.07.2015

Biblical Missiology (Hrsg.): *John Piper's Church Takes A Stand On Contextualization.* 2011 (URL: http://biblicalmissiology.org/2011/12/05/john-pipers-church-takes-a-stand-on-contextualization/) – Zugriff am 22.01.2016

Calvin, Johannes: *Institutio Christianae Religionis: Unterricht in der christlichen Religion.* Neukirchen: Neukirchener, ⁶1997

Cambridge English Dictionary (Hrsg.): *Cambridge Dictionaries Online: Culture.* 2015 (URL: http://dictionary.cambridge.org/dictionary/british/culture) – Zugriff am 29.07.2015

Carson, Donald A.: *Showing The Spirit: A Theological Exposition of 1 Corinthians 12-14.* Grand Rapids, Michigan: Baker Academic, 1996

Carson, Donald A.: *Christ and Culture Revisited.* Grand Rapids, Michigan: Eerdmans, 2008

Catherwood, Christopher: *Five Evangelical Leaders.* Wheaton, Illinois: Shaw Books, 1985

Challies, Tim/Byers, Josh: *Where Did All These Calvinists Come From? A Visual History.* 2014 (URL: http://www.challies.com/resources/where-did-all-these-calvinists-come-from-a-visual-history) – Zugriff am 11.07.2014

Clowney, Edmund P./Keller, Timothy J.; Reformed Theological Seminary (Hrsg.): *Preaching Christ in a Postmodern World.* 2000 (URL: https://itunes.apple.com/us/itunes-u/preaching-christ-in-postmodern/id378879885?mt=10) – Zugriff am 21.07.2015

Cohn, Nate; Times, New York (Hrsg.): *Big Drop in Share of Americans Calling Themselves Christian.* 2015 (URL: http://www.nytimes.com/2015/05/12/upshot/big-drop-in-share-of-americans-calling-themselves-chr istian.html?_r=1&abt=0002&abg=1) – Zugriff am 21.07.2014

Conn, Harvie M./Ortiz, Manuel: *Urban Ministry: The Kingdom, The City & The People Of God.* Downers Grove, Illinois: IVP Academic, 2001

Converge Worldwide (Hrsg.): *Our Story.* 2014 (URL: http://www.converge worldwide.org/about/facts-and-info/our-story) – Zugriff am 10.08.2014

Cosper, Mike: *The Stories We Tell: How TV and Movies Long for and Echo the Truth.* Wheaton, Illinois: Crossway, 2014

Delbanco, Andrew: *The Real American Dream: A Meditation on Hope.* New Haven: Harvard University Press, 1999

Dennis E. Johnson et al.: *Heralds Of The King: Christ-Centered Sermons In The Tradition of Edmund P. Clowney.* Wheaton, Illinois: Crossway Books, 2009

Desiring God Foundation (Hrsg.): *Our Beliefs.* 2015 (URL: http://www.de siringgod.org/about/distinctives/beliefs) – Zugriff am 17.07.2015

Desiring God Minitries (Hrsg.): *National Conference: The Supremacy of Christ in a Postmodern World.* 2006 (URL: http://www.desiringgod.org/mes sages/by-series/2006-national-conference) – Zugriff am 22.01.2016

Dever, Mark; 9Marks (Hrsg.): *Why are so many church leaders today talking about contextualization?* (URL: http://9marks.org/answer/why-are-so-many-church-leaders-today-talking-about-contextualization/) – Zugriff am 09.01.2016

Dever, Mark; The Gospel Coalition (Hrsg.): *Where Did All These New Calvinists Come From?* 2012 (URL: http://www.thegospelcoalition.org/blog s/justintaylor/2012/08/27/whered-all-these-new-calvinists-come-from-a-serious-top-10-list-from-mark-dever/) – Zugriff am 27.07.2015

Dever, Mark; 9 Marks (Hrsg.): *Life, Ministry, and Books with Tim Keller.* 2015 (URL: http://9marks.org/interview/life-ministry-and-books-with-tim-keller-part-1-life/) – Zugriff am 31.07.2015

Donald A. Carson (Hrsg.): *Biblical Interpretation and the Church: Text and Context.* 1984 (URL: http://jakarta-city-care.synthasite.com/resources/ D.A.%20Carson%20-%20Biblical%20Interpretation%20and%20the%2 0Church.pdf) – Zugriff am 08.01.2016

Duduit, Michael; Preaching Magazine (Hrsg.): *The Ten Greatest Preachers of The Twentieth Century.* 2010 (URL: http://www.preaching.com/re sources/articles/11565635/) – Zugriff am 24.07.2014

Edwards, Johnathan: *The Great Christian Doctrine Of Original Sin Defended.* 1748 (URL: http://www.ccel.org/ccel/edwards/works1/Page_143. html) – Zugriff am 23.07.2014

Edwards, Johnathan: *Charity And Its Fruits.* 1749 (URL: http://www.ar chive.org/stream/christianloveasm00edwauoft#page/n5/mode/2up) – Zugriff am 23.07.2014

Edwards, Johnathan: *Dissertation Concerning The End For Which God Created The World.* 1749 (URL: http://www.ccel.org/ccel/edwards/works1/ Page_94.html) – Zugriff am 23.07.2014

Edwards, Johnathan: *Dissertation Concerning The Nature Of True Virtue.* 1749 (URL: http://www.ccel.org/ccel/edwards/works1/Page_122.html) – Zugriff am 23.07.2014

Edwards, Johnathan: *Freedom Of The Will.* 1754 (URL: http://www.ccel. org/ccel/edwards/will.html) – Zugriff am 23.07.2014

Edwards, Johnathan: *Religious Affections.* 1754 (URL: http://www.ccel.org/ ccel/edwards/affections) – Zugriff am 23.07.2014

Edwards, Johnathan: *An Unpublished Essay on the Trinity.* 1757 (URL: http://www.ccel.org/ccel/edwards/trinity.html) – Zugriff am 23.07.2014

Frame, John M.: *The Doctrine Of The Knowledge Of God: A Theology Of Lordship.* Phillipsburg: P&R Publishing, 1987

Frame, John M.: *Machen's Warrior Children.* Homepage of Vern S. Poythress and John M. Frame, 2003 (URL: http://www.frame-poythress.org/ machens-warrior-children/) – Zugriff am 2.07.2015

Frame, John M.: *A Primer On Perspectivalism.* Homepage of Vern S. Poythress and John M. Frame, 2007 (URL: http://www.frame-poythress.org/a-primer-on-perspectivalism/) – Zugriff am 18.07.2014

Frame, John M.: *Presuppositional Apologetics.* Homepage of Vern S. Poythress and John M. Frame, 2012 (URL: http://www.frame-poythress.org/presuppositional-apologetics/) – Zugriff am 22.07.2015

Frame, John M.: *Systematic Theology: An Introduction To Christian Belief.* Phillipsburg: P&R Publishing, 2013

Freeman, Travis A.: *Preaching to Provoke a Worldview Change: Tim Keller's Use of Presuppositional Apologetics in Preaching.* Dissertation Southern Baptist Theological Seminary, 2012

Fuller, Daniel P.: *Gospel and Law: Contrast or Continuum – The Hermeneutics of Dispensationalism and Covenant Theology.* Grand Rapids, Michigan: Eerdmans Publishing Company, 1980

Grudem, Wayne: *Biblische Dogmatik – Eine Einführung in die Systematische Theologie.* Hamburg: VKW, 2013

Hamburgprojekt (Hrsg.): *Website.* (URL: http://www.hamburgprojekt.de) – Zugriff am 14.06.2018

Hamilton, Jim et al.: *An Evening Of Eschatology.* Desiring God 2009 Outside Event at Park Community Church, 2009 (URL: http://www.desiring god.org/conference-messages/an-evening-of-eschatology) – Zugriff am 20.07.2015

Hansen, Collin: *Young, Restless, Reformed: A Journalist's Journey with the New Calvinists.* Wheaton, Illinois: Crossway, 2008

Hendryx, John; Monergism Books (Hrsg.): *A Word of Caution about Tim Keller.* 2014 (URL: http://www.monergism.com/thethreshold/articles/onsite/wordofcaution.html) – Zugriff am 22.07.2014

Hume, David: *An Enquiry Concerning Human Understanding.* 1777 (URL: https://en.wikisource.org/wiki/An_Enquiry_Concerning_Human_Understanding) – Zugriff am 15.01.2016

Hunter, James: *To Change The World: The Irony, Tragedy, and Possibility of Christianity in Late Modernity.* New York: Oxford University Press, 2010

Keller, Kathy: *Jesus, Justice, and Gender Roles: A Case for Gender Roles in Ministry (Fresh Perspectives on Women in Ministry).* Grand Rapids, Michigan: Zondervan, 2014

Keller, Timothy J.: *Resources for Deacons: Love Expressed through Mercy Ministries.* Philadelphia: Christian Education and Publications, 1985

Keller, Timothy J.; Redeemer Presbyterian Church (Hrsg.): *The Missional Church.* 2001 (URL: http://download.redeemer.com/pdf/learn/re sources/Missional_Church-Keller.pdf)

Keller, Timothy J.; Reformed Theological Seminary, Doctor of Ministry Program (Hrsg.): *Preaching the Gospel in a Post-Modern World.* 2002 (URL: https://simeon.org/cst/media/doc-tkeller-preachingsyllabus .pdf)

Keller, Timothy J.; The Resurgence: A Ministry Of Mars Hill Church (Hrsg.): *Doing Justice.* 2006 (URL: http://theresurgence.com/2006/ 07/18/doing-justice-audio) – Zugriff am 29.07.2014

Keller, Timothy J.; By Faith Online (Hrsg.): *The Case for Commissioning (Not Ordaining) Deaconesses.* 2008 (URL: http://byfaithonline.com/the-case-for-commissioning-not-ordaining-deaconesses/) – Zugriff am 17.07.2015

Keller, Timothy J.; The BioLogos Foundation (Hrsg.): *Creation, Evolution, and Christian Laypeople.* 2008 (URL: http://biologos.org/uploads/pro jects/Keller_white_paper.pdf) – Zugriff am 18.07.2015

Keller, Timothy J.: *The Prodigal God: Recovering the Heart of the Christian Faith.* New York City: Penguine Group – Dutton Adult, 2008

Keller, Timothy J.: *The Reason for God: Belief in an Age of Skepticism.* New York City: Penguine Group – Dutton Adult, 2008

Keller, Timothy J.; Geneva Push (Hrsg.): *The 'kingly' Willow Creek Conference.* 2009 (URL: http://genevapush.com/blogs/keller/the_kingly_wil low_creek_conference) – Zugriff am 24.07.2015

Keller, Timothy J.; Big Think: Smarter, Faster (Hrsg.): *Tim Keller on His Influences.* 2009 (URL: http://bigthink.com/videos/tim-keller-on-his-in fluences) – Zugriff am 01.08.2014

Keller, Timothy J.; Desiring God (Hrsg.): *Discussion with Tim Keller.* 2010 (URL: http://www.desiringgod.org/interviews/discussion-with-tim-keller-part-1) – Zugriff am 30.07.2014

Keller, Timothy J.: The 'Multi-Site' Model. 2010 (URL: http://www.thegospel coalition.org/article/the-multi-site-model-thoughts) – Zugriff am 31.07.2015

Keller, Timothy J.; Christian Counseling & Educational Foundation (Hrsg.): Puritan Resources for Biblical Counseling. 2010 (URL: http://www.ccef.org/puritan-resources-biblical-counseling) – Zugriff am 29.07.2014

Keller, Timothy J.; Rosario, Barnard (Hrsg.): Books that 'confused' Timothy Keller. 2011 (URL: http://thrownscabbard.blogspot.de/2011/11/books-that-confused-timothy-keller.html) – Zugriff am 31.07.2014

Keller, Timothy J.; Timothy Keller Blog (Hrsg.): Coming Together on Culture. 2011 (URL: http://www.timothykeller.com/blog/2014/4/17/coming-together-on-culture-part-1-theological-issues?rq=christ%20and%20 culture) – Zugriff am 29.07.2015

Keller, Timothy J.: Center Church: Doing Balanced, Gospel-Centered Ministry in Your City. Grand Rapids, Michigan: Zondervan and Redeemer City To City, 2012

Keller, Timothy J.; Timothy Keller Blog (Hrsg.): Ministry in the Middle Space. 2012 (URL: http://www.timothykeller.com/blog/2012/8/31/minis try-in-the-middle-space) – Zugriff am 29.07.2015

Keller, Timothy J.: Encounters with Jesus: Unexpected Answers to Life's Biggest Questions. New York City: Penguine Group – Dutton Adult, 2013

Keller, Timothy J.: Walking with God through Pain and Suffering. New York City: Penguine Group – Dutton Adult, 2013

Keller, Timothy J.; Kandiah, Krish (Hrsg.): Why is TGC complementarian? 2013 (URL: http://www.krishk.com/2013/01/tim-keller-women-and-ig noring-your-own-rules/) – Zugriff am 17.07.2015

Keller, Timothy J.; Timothy Keller Blog (Hrsg.): Prayer and the Life of Redeemer Presbyterian Church. 2014 (URL: http://www.timothykel ler.com/blog/2014/9/26/prayer-and-the-life-of-redeemer-presbyte rian-church) – Zugriff am 29.07.2015

Keller, Timothy J.: How To Preach. New York City: Penguine Group – Dutton Adult, 2015

Keller, Timothy J.; Redeemer Presbyterian Church (Hrsg.): Vision and Values. 2015 (URL: http://redeemer.com/learn/about_us/vision_and_ values/) – Zugriff am 18.07.2015

Keller, Timothy J./Keller, Kathy: *The Meaning of Marriage: Facing the Complexities of Commitment with the Wisdom of God.* New York City: Penguine Group – Dutton Adult, 2011

Kravtsev, A.: Culture and the Gospel in the Preaching of Timothy Keller and John Piper: A Comparative Study. *Intercultural Communication at Trinity Evangelical Divinity School* (2014)

Kroeber, Alfred/Kluckhohn, Clyde: Culture. *A Critical Review of Concepts and Definitions.* New York City: Vintage Books, 1963

Kubsch, Ron: Neuer Calvinismus – Einblicke in eine junge reformierte Bewegung. In *Jahrbuch des Martin Bucer Seminars – Schätze der Gnade.* Band 13, Verlag für Kultur und Wissenschaft, 2013, 41–70

Leffel, Jim; Fellowship, Xenos Christian (Hrsg.): *Contextualization: Building Bridges to the Muslim Community.* 2015 (URL: https://www.xenos.org/essays/contextualization-building-bridges-muslim-commu nity) – Zugriff am 22.01.2016

Lewine, Edward; Times, The New York (Hrsg.): *Making New Christians.* 1998 (URL: http://www.nytimes.com/1998/01/25/nyregion/making-new -christians.html) – Zugriff am 04.01.2018

Lewis, C. S.: *Weight Of Glory.* London: Society for Promoting Christian Knowledge, 1941

Lewis, C. S.: *Mere Christianity.* London: Harper Collins, 1952

Lewis, C. S.; Dorsett, Lyle W./Mead, Marjorie Lamp (Hrsg.): *Letters To Children.* New York: Macmillan, 1985

Lints, Richard: *The Fabric of Theology: Prolegomenon in Evangelical Theology.* Grand Rapids: Eerdmans, 1993

Lovelace, Richard: *Dynamics of Spiritual Life: An Evangelical Theology of Renewal.* Downers Grove, Illinois: InterVarsity Press, 1979

Luo, Michael: *Preaching the Word and Quoting the Voice.* New York Times, 2006 (URL: http://www.nytimes.com/2006/02/26/nyregion/26evan gelist.html?ex=1298610000&en=bd2c8ed6c62e68f5&ei=5088&partne r=rssnyt&emc=rss&_r=0) – Zugriff am 31.07.2014

MacArthur, John: *All Things to All Men.* Grace To You, 2011 (URL: http://www.gty.org/resources/Blog/B110902)   –   Zugriff   am 08.01.2016

Meritt, Jonathan: *John Piper's son discusses the 'dysfunction and conflict' of his upbringing.* Jonathan Meritt on Faith & Culture, 2014 (URL: http://jo

nathanmerritt.religionnews.com/2014/07/01/john-pipers-son-dis cusses-dysfunction-conflict-upbringing/) – Zugriff am 24.07.2014

Monergism (Hrsg.): *Tim Keller Biography.* (URL: http://www.monergism. com/thethreshold/articles/bio/timkeller.html) – Zugriff am 22.07.2015

Naselli, Andy: *John Piper and D. A. Carson: The Pastor as Scholar and the Scholar as Pastor.* Carl F. H. Henry Center for Theological Understanding, 2009 (URL: http://henrycenter.tiu.edu/2009/04/john-piper-and-d-a-car son-the-pastor-as-scholar-and-the-scholar-as-pastor/) – Zugriff am 24.07.2014

Newbell, Trillia; Knoxville.com (Hrsg.): *John Piper retreats to Knoxville for a year of writing and reflection, and shares his thoughts on fatherhood.* 2013 (URL: http://www.knoxnews.com/knoxville/life/john-piper-steps-away) – Zugriff am 24.07.2014

Niebuhr, H. Richard: Toward the Independence of the Church. In *The Church Against The World.* Chicago: Willet, 1935

Niebuhr, H. Richard: *Christ and Culture.* New York: Harper, 1956

O'Donnell, Laurence; The Bavinck Institute (Hrsg.): *Tim Keller on Kuyper's and Bavinck's Influence.* 2011 (URL: https://bavinckinstitute.org/ 2011/07/tim-keller-on-kuypers-and-bavincks-influence/) – Zugriff am 29.07.2014

Oosterhoff, Frederika; The Reformed Academic (Hrsg.): *Tim Keller on Evolution and the Bible.* 2010 (URL: http://reformedacademic.blogspot.de/ 2010/03/tim-keller-on-evolution-and-bible.html) – Zugriff am 20.07.2015

Oppenheimer, Mark; Times, New York (Hrsg.): *Evangelicals Find Themselves in the Midst of a Calvinist Revival.* 2014 (URL: http://www.ny times.com/2014/01/04/us/a-calvinist-revival-for-evangelicals.html ?_r=0) – Zugriff am 21.07.2014

Parnell, Jonathan; Desiring God (Hrsg.): *Would We Have Been Friends? Keller and Piper on Lewis.* 2013 (URL: http://www.desiringgod.org/blog/ posts/would-we-have-been-friends-keller-and-piper-on-lewis) – Zugriff am 28.07.2014

Pascal, Blaise: *Pensées sur la religion et sur quelques autres sujets.* Paris: Guillaume Desprèz, 1660

Pastors-Elders at BBC; Bethlehem Baptist Church (Hrsg.): *A Brief History of Bethlehem's Church Planting Involvement.* 2015 (URL: http://www.ho

peingod.org/document/brief-history-bethlehems-church-planting-involvement) – Zugriff am 31.07.2015

Pastors-Elders at BBC; Bethlehem Baptist Church (Hrsg.): *Our Beliefs.* 2015 (URL: http://www.hopeingod.org/about-us/who-we-are/our-be liefs) – Zugriff am 17.07.2015

Pastors-Elders at BBC; Bethlehem Baptist Church (Hrsg.): *Our History.* 2015 (URL: http://www.hopeingod.org/about-us/who-we-are/our-his tory) – Zugriff am 25.07.2015

Pastors-Elders at BBC; Bethlehem Baptist Church (Hrsg.): *Our Vision and Values.* 2015 (URL: http://www.hopeingod.org/document/vision-and-values-bethlehem-baptist-church) – Zugriff am 27.07.2015

Perman, Matt; Desiring God (Hrsg.): *What does John Piper believe about dispensationalism, covenant theology, and new covenant theology?* 2006 (URL: http://www.desiringgod.org/articles/what-does-john-piper-believe-about-dispensationalism-covenant-theology-and-new-cove nant-theology) – Zugriff am 17.07.2015

Perman, Matt; Desiring God (Hrsg.): *What does Piper mean when he says he's a seven-point Calvinist?* 2006 (URL: http://www.desiringgod.org/artic les/what-does-piper-mean-when-he-says-hes-a-seven-point-calvin ist) – Zugriff am 24.07.2015

Pew Research Center (Hrsg.): *Religious Composition of Minneapolis Metro Area.* 2015 (URL: http://www.pewforum.org/religious-landscape-study/ metro-area/minneapolis/) – Zugriff am 27.07.2015

Pew Research Center (Hrsg.): *Religious Composition of New York City Metro Area.* 2015 (URL: http://www.pewforum.org/religious-landscape-study/metro-area/new-york-city/) – Zugriff am 27.07.2015

Piper, John; Desiring God (Hrsg.): *Quantitative Hopelessness and the Immeasurable Moment.* 1981 (URL: http://www.desiringgod.org/sermons/ quantitative-hopelessness-and-the-immeasurable-moment) – Zugriff am 29.07.2014

Piper, John; Desiring God (Hrsg.): *Conversion to Christ: The Making of a Christian Hedonist.* 1983 (URL: https://www.desiringgod.org/messages/ conversion-to-christ) – Zugriff am 13.06.2018

Piper, John: *The Justification of God: An Exegetical and Theological Study of Romans 9:1-23.* Grand Rapids, Michigan: Baker Academic, 1983

Piper, John: *Desiring God: Meditations of a Christian Hedonist.* Oregon: Multnomah, 1986

Piper, John: *A Passion for Christ-Exalting Power: Martyn Lloyd-Jones on the Need for Revival and Baptism with the Holy Spirit.* Desiring God 1991 Bethlehem Conference for Pastors, 1991 (URL: http://www.desiring god.org/biographies/a-passion-for-christ-exalting-power) – Zugriff am 24.07.2014

Piper, John: *Books That Have Influenced Me Most.* Desiring God, 1993 (URL: http://www.desiringgod.org/articles/books-that-have-influenced-me-most) – Zugriff am 22.07.2014

Piper, John: *Christian Hedonism: Forgive the Label, But Don't Miss the Truth.* Desiring God, 1995 (URL: http://www.desiringgod.org/articles/christian-hedonism) – Zugriff am 24.07.2015

Piper, John: *Future Grace: The Purifying Power of Living By Faith In Future Grace.* Oregon: Multnomah, 1995

Piper, John: *Men and Women in the Deaconate and in the Service of Communion.* Desiring God, 1995 (URL: http://www.desiringgod.org/articles/men-and-women-in-the-deaconate-and-in-the-service-of-communi on) – Zugriff am 17.07.2015

Piper, John; Moe and Karen Bergeron (Hrsg.): *Piper's Notes.* 1995 (URL: http://www.pipersnotes.com/icinfo.htm) – Zugriff am 29.07.2014

Piper, John: *The Author of the Greatest Book Ever Written.* The Cross Quoters, 1998 (URL: http://crossquotes.com/2013/11/16/john-piper-you-have-an-amazing-conversion-story/) – Zugriff am 11.07.2014

Piper, John: *Biblical Exegesis: Discovering The Meaning of Scriptural Texts.* Desiring God, 1999 (URL: http://cdn.desiringgod.org/pdf/booklets/BTBX.pdf) – Zugriff am 20.07.2015

Piper, John: *Counted Righteous In Christ: Should We Abandon the Imputation of Christ's Righteousness?* Desiring God, 2002 (URL: http://www.desiring god.org/books/counted-righteous-in-christ) – Zugriff am 24.07.2014

Piper, John: *Taking the Swagger Out of Christian Cultural Influence.* Desiring God, 2003 (URL: http://www.desiringgod.org/articles/taking-the-swagger-out-of-christian-cultural-influence) – Zugriff am 29.07.2015

Piper, John: *Letter to the Congregation: Cancer Announcement.* Desiring God, 2006 (URL: http://www.christianity.com/1372425/) – Zugriff am 25.07.2014

Piper, John: *Suffering and the Sovereignty of God.* Wheaton, Illinois: Crossway Books, 2006

Piper, John: *The Fatal Disobedience of Adam and the Triumphant Obedience of Christ.* Desiring God, 2007 (URL: http://www.desiringgod.org/messa ges/the-fatal-disobedience-of-adam-and-the-triumphant-obedienc e-of-christ) – Zugriff am 30.07.2015

Piper, John: *The Future of Justification: A Response to N. T. Wright.* Desiring God, 2007 (URL: http://www.desiringgod.org/books/the-future-of-justi fication) – Zugriff am 24.07.2014

Piper, John: *Evangelist Bill Piper: Fundamentalist Full of Grace and Joy.* Desiring God 2008 Conference for Pastors, 2008 (URL: http://www.desiringgod.org/biographies/evangelist-bill-piper-fun damentalist-full-of-grace-and-joy#_ftn1) – Zugriff am 22.07.2014

Piper, John: *Preaching As Concept Creation, Not Just Contextualization.* Desiring God, 2008 (URL: http://www.desiringgod.org/articles/preach ing-as-concept-creation-not-just-contextualization) – Zugriff am 30.07.2015

Piper, John: *The Pastor As Scholar: A Personal Journey.* Desiring God 2009 Outside Event at Park Community Church, 2009 (URL: http://www.desiringgod.org/conference-messages/the-pastor-as-scholar-a-personal-journey) – Zugriff am 24.07.2014

Piper, John: *Rethinking Retirement: Finishing Life for the Glory of Christ.* Wheaton, Illinois: Crossway Books, 2009

Piper, John: *Do You Accept Old Earth and Evolution?* Desiring God, 2010 (URL: http://www.desiringgod.org/interviews/do-you-accept-old-earth-and-evolution) – Zugriff am 18.07.2015

Piper, John: *John Piper's Upcoming Leave.* Desiring God, 2010 (URL: http://www.desiringgod.org/articles/john-pipers-upcoming-leave) – Zugriff am 25.07.2014

Piper, John: *Don't Waste Your Cancer.* Wheaton, Illinois: Crossway Books, 2011

Piper, John: *John Piper Interviews Rick Warren on Doctrine.* Desiring God, 2011 (URL: http://www.desiringgod.org/blog/posts/john-piper-inter views-rick-warren-on-doctrine) – Zugriff am 25.07.2014

Piper, John: *Persönliches Gespräch nach einer Konferenzsession in Hamburg.* Evangelium 21 Konferenz, 2012

Piper, John: *Why are we so weak? (2Cor 4).* The Planting Collective – Time To Plant Conference 2015, 2015 (URL: http://www.co-mission.org.uk/

Groups/257369/Co_Mission/EVENTS/Time_to_Plant/Time_to_Plan
t.aspx) – Zugriff am 25l.07.2014

Piper, John/Grudem, Wayne: *Recovering Biblical Manhood and Womanhood.*
Wheaton, Illinois: Crossway Books, 1991

Plitt, Todd; USA Today (Hrsg.): *Multi-site Churches Mean Pastors Reach TI-
housands.* 2009 (URL: http://usatoday30.usatoday.com/news/reli
gion/2009-12-17-1Amultichurches17_CV_N.htm) – Zugriff am
31.07.2015

Poythress, Vern S.: *Symphonic Theology: The Validity Of Multiple Perspectives
in Theology.* Phillipsburg: P&R Publishing, 1987

Poythress, Vern S.: *Currents within Amillennialism.* Presbyterion, 2000 (URL:
http://www.frame-poythress.org/currents-within-amillennialism/)
– Zugriff am 22.07.2015

Reaching & Teaching (Hrsg.): *Reclaiming Contextualization.* 2009 (URL:
http://davidsills.blogspot.de/2009/05/reclaiming-contextualizatio
n.html) – Zugriff am 15.01.2016

Redeemer Presbyterian Church (Hrsg.): *Philosophy of Ministry.* (URL:
http://www.redeemer.com/learn/philosophy_of_ministry) – Zugriff am 31.07.2015

Redeemer Presbyterian Church (Hrsg.): *Redeemer History.* (URL:
http://www.redeemer.com/learn/about_us/redeemer_history/) –
Zugriff am 25.07.2015

Redeemer Presbyterian Church (Hrsg.): *Who We Are.* 2010 (URL: http://www.
redeemer.com/visit/who_are_we) – Zugriff am 30.07.2015

Redeemer Presbyterian Church (Hrsg.): *The Rise Campaign.* 2017 (URL:
http://rise.redeemer.com) – Zugriff am 04.01.2018

Reinke, Tony; Desiring God (Hrsg.): *Is Tim Keller Weak On Wrath?* 2014 (URL:
http://www.desiringgod.org/articles/is-tim-keller-weak-on-wrath)
– Zugriff am 25.07.2015

Reisinger, John G.: *Abraham's Four Seeds: A Biblical Examination of the Pre-
suppositions of Covenant Theology and Dispensationalism.* New Covenant
Media, 1998 (URL: http://www.worldwithoutend.info/bbc/books/
NC/abrahams_seed/toc.htm) – Zugriff am 18.07.2015

Ruddy, Andy; Refresh Resources (Hrsg.): *Tim Keller on Spiritual Gifts.* 2015
(URL: http://www.refreshresources.com/2015/05/28/tim-keller-
on-spiritual-gifts/) – Zugriff am 17.07.2015

Sailhamer, John H.: *Genesis Unbound – A Provocative New Look at the Creation Account*. Oregon: Multnomah Books, 1996

Sam Storms et al.; Taylor, Justin (Hrsg.): *For the Fame of God's Name: Essays in Honor of John Piper*. Wheaton, Illinois: Crossway Books, 2010

Sanchez, Juan; The Gospel Coalition (Hrsg.): *To Contextualize or Not to Contextualize: That is NOT the Question*. 2009 (URL: http://www.thegos pelcoalition.org/article/to-contextualize-or-not-to-contextualize-that-is-not-the-question) – Zugriff am 08.01.2016

Scheller, Christine A./Piper, Abraham; Baker, Keith (Hrsg.): *Let Them Come Home: John and Abraham Piper*. 2012 (URL: http://www.christianityto day.com/ct/2012/marchweb-only/john-piper-racism-reconciliation. html?start=2) – Zugriff am 25.07.2014

Schirrmacher, Thomas: *Der Römerbrief*. Hamburg: RVB, [2]2001

Schirrmacher, Thomas: *Weltmission – Herz des christlichen Glaubens*. Bonn: VKW, 2001

Schirrmacher, Thomas: *Ethik*. Hamburg: RVB, [4]2009

Shearer, Rob: *Faith Underlying Science*. 2015 (URL: http://v.cx/2010/03/ faith-and-science) – Zugriff am 15.01.2016

Stafford, Tim; Christianity Today (Hrsg.): *How Tim Keller Found Manhattan: The pastor of Redeemer Church is becoming an international figure because he's a local one*. 2009 (URL: http://www.christianitytoday.com/ ct/2009/june/15.20.html?paging=off) – Zugriff am 21.07.2014

Tada, Joni Eareckson; The Gospel Coalition (Hrsg.): *Book Review: Walking with God through Pain and Suffering*. 2014 (URL: http://legacy.the gos pelcoalition.org/book-reviews/review/walking_with_god_through _pain_and_suffering) – Zugriff am 06.08.2014

Taylor, Charles: *A Secular Age*. New Haven: Harvard University Press, 2007

Taylor, Justin; Desiring God (Hrsg.): *John Piper: Bibliography*. (URL: http://www.desiringgod.org/about/john-piper/bibliography) – Zugriff am 31.05.2018

Tchividjian, Tullian; Harris, Joshua (Hrsg.): *Preaching Notes: Tim Keller*. 2010 (URL: http://www.joshharris.com/2010/12/preaching_notes_tim_ keller_1.php) – Zugriff am 30.07.2015

Tennant, Timothy: *Invitation to World Missions: A Trinitarian Missiology for the Twenty-First Century*. Grand Rapids: Kregel Academic & Professional, 2010

The Constant Wanderer (Hrsg.): *Tim Keller is my hero.* 2006 (URL: http://theconstantwanderer.blogspot.de/2006/03/tim-keller-is-my-hero.html) – Zugriff am 14.07.2014

The Cripplegate (Hrsg.): *Eschatology 101 - Definitions.* 2013 (URL: http://thecripplegate.com/eschatology-101-definitions/) – Zugriff am 20.07.2015

The Gospel Coalition (Hrsg.): *About.* 2015 (URL: http://www.thegospelcoalition.org/about) – Zugriff am 03.08.2015

The Gospel Coalition (Hrsg.): *Confessional Statement.* 2015 (URL: http://www.thegospelcoalition.org/about/foundation-documents/confessional-statement) – Zugriff am 17.07.2015

Timothy/Keller, Kathy; Times, The New York (Hrsg.): *Redeemer Church Rejects The 'Hard-Line' Label.* 1998 (URL: http://www.nytimes.com/1998/02/15/nyregion/l-redeemer-church-rejects-the-hard-line-label-580457.html) – Zugriff am 04.01.2018

Van Bierna, David; Time Magazine U.S. (Hrsg.): *10 Ideas Changing The World Right Now.* 2009 (URL: http://content.time.com/time/specials/packages/article/0,28804,1884779_1884782_1884760,00.html) – Zugriff am 12.07.2014

Warnock, Adrian; Patheos (Hrsg.): *Tim Keller on the Charismatics.* 2013 (URL: http://www.patheos.com/blogs/adrianwarnock/2013/11/tim-kelle r-on-the-charismatics/) – Zugriff am 17.07.2015

Warren, Rick; Hope, Daily (Hrsg.): *It Takes All Kinds Of Churches.* 2011 (URL: http://rickwarren.org/devotional/english/it-takes-all-kinds-of-ch urches) – Zugriff am 31.07.2014

Wax, Trevin; The Gospel Coalition (Hrsg.): *Gospel, Culture, and Mission: An Interview with Tim Keller.* 2012 (URL: http://www.thegospelcoalition.org/blogs/trevinwax/2012/10/10/gospel-culture-and-mission-an-interview-with-tim-keller/) – Zugriff am 29.07.2015

Weaver, C. Douglas: *In Search of the New Testament Church: The Baptist Story.* Macon, Georgia: Mercer University Press, 2008

West-Hopewell Presbyterian Church (Hrsg.): *Our Story.* 2014 (URL: http://westhopewell.com/our-story/) – Zugriff am 11.07.2014

Whiteman, Darrell L.; University, Seatlle Pacific (Hrsg.): *Contextualization: The Theory, The Gap, The Challenge.* 1996 (URL: http://spu.edu/temp/denuol/context.htm) – Zugriff am 08.01.2016

Wikipedia (Hrsg.): *John Piper.* 2014 (URL: http://en.wikipedia.org/wiki/ John_Piper_(theologian)) – Zugriff am 12.07.2014

Wikipedia (Hrsg.): *Presbyterian Church in America.* 2014 (URL: http://en.wi kipedia.org/wiki/Presbyterian_Church_in_America) – Zugriff am 15.08.2014

Wikipedia (Hrsg.): *Tim Keller.* 2014 (URL: http://en.wikipedia.org/wiki/ Timothy_Keller_(pastor)) – Zugriff am 12.07.2014

Wikipedia (Hrsg.): *Bethlehem Baptist Church in Minneapolis.* 2015 (URL: https://en.wikipedia.org/wiki/Bethlehem_Baptist_Church_(Minne apolis)) – Zugriff am 20.07.2015

Wikipedia (Hrsg.): *Framework Interpretation of Genesis.* 2017 (URL: https://en.wikipedia.org/wiki/Framework_interpretation_(Genesis)) – Zugriff am 01.12.2017